经通中外 ◆ 管汇知行
思成用谨 ◆ 想集致新

清华经管思想文库

硬科技
创业孵化研究

RESEARCH ON KEY & CORE TECHNOLOGY
ENTREPRENEURSHIP INCUBATION

杨德林　李梦雅　胡晓　马倩◎著 《

清华大学出版社

北京

内 容 简 介

本书针对硬科技领域的创业特点,运用案例研究方法探索孵化器的创业孵化机制。主要内容包括:考察孵化器在内层网络发展不同阶段所采取的资源行动,发现相关规律;对孵化器的工程化核心能力进行研究,加深对孵化器获得并维持竞争优势的理解;揭示被孵企业间实现价值共创过程的阶段特点以及孵化器促进被孵企业间价值共创的具体机制;针对被孵企业之间所面临的知识共享问题和困难,探讨一种孵化器对知识共享进行治理的孵化机制;从资源聚合动态演进视角,剖析孵化器线上线下资源聚合方式的动态规律性;通过纵向研究发现以孵化器为中心的创业生态系统的演化机制,厘清要素之间互动的逻辑关系。研究成果丰富了孵化理论研究,对孵化实务工作有参考价值。

图书在版编目(CIP)数据

硬科技创业孵化研究 / 杨德林等著 . —北京:清华大学出版社,2023.7
(清华经管思想文库)
ISBN 978-7-302-64222-0

Ⅰ . ①硬… Ⅱ . ①杨… Ⅲ . ①企业孵化器 Ⅳ . ① F276.44

中国国家版本馆 CIP 数据核字 (2023) 第 132739 号

责任编辑:高晓蔚
封面设计:汉风唐韵
版式设计:方加青
责任校对:宋玉莲
责任印制:杨 艳

出版发行:清华大学出版社
    网   址:http://www.tup.com.cn,http://www.wqbook.com
    地   址:北京清华大学学研大厦 A 座   邮   编:100084
    社 总 机:010-83470000   邮   购:010-62786544
    投稿与读者服务:010-62776969,c-service@tup.tsinghua.edu.cn
    质 量 反 馈:010-62772015,zhiliang@tup.tsinghua.edu.cn
印 装 者:三河市东方印刷有限公司
经 销:全国新华书店
开 本:170mm×240mm 印 张:14.5 插 页:1 字 数:192 千字
版 次:2023 年 7 月第 1 版 印 次:2023 年 7 月第 1 次印刷
定 价:128.00 元

产品编号:100295-01

作者简介

杨德林，清华大学经济管理学院教授，中国技术经济学会副理事长兼技术孵化与创新生态分会主任委员，中国企业管理研究会副会长。主要研究兴趣为基于技术的创新/创业、制度变革与创新/创业等；主要成果发表在 *Organization Science, Strategic Entrepreneurship Journal, Journal of Engineering and Technology Management* 等英文期刊和《管理世界》《南开管理评论》《中国管理科学》《中国工业经济》等中文期刊。承担国家社科基金重大项目、国家重点研发计划课题、国家自然科学基金课题等多项。

李梦雅，清华大学工商管理博士后流动站出站。四川大学商学院特聘副研究员，中国技术经济学会技术孵化与创新生态分会理事，主要研究兴趣包括风险投资与技术创新管理、技术孵化与创业管理。以第一作者在《管理世界》《科研管理》《研究与发展管理》《管理学报》等期刊发表论文十余篇。

胡晓，获得清华大学管理学博士学位（北京市优秀博士毕业生）。西南财经大学金融学长聘副教授，教育部金融工程专业虚拟教研室建设负责人。研究方向为风险投资与创新创业、数字经济与金融科技等。在《管理世界》等期刊发表论文十余篇。主持国家自然科学基金、四川省科技计划项目等课题。

马倩，清华大学经济管理学院博士研究生。研究领域为技术创业和技术孵化，研究成果发表在《南开管理评论》《技术经济》等期刊。

前　　言

自 1956 年美国成立第一个孵化器以来，孵化器作为创业企业培育机构在全世界已经发展 60 余年。1987 年我国第一家创业孵化器——"东湖创业中心"在湖北武汉诞生，至今已有 30 多年的发展历程。随着我国创新驱动发展战略的实施以及大众创业万众创新工作的推进，孵化器在国家创新体系中的地位显得日益重要。根据科技部火炬高技术产业开发中心发布的《2020 年中国创业孵化发展报告》，截至 2019 年底，全国孵化载体数量达到 13206 家，其中孵化器 5206 家、众创空间 8000 家。作为国家创新体系的重要组成部分，孵化器在我国科技创业与创新型企业培育工作中具有重要作用，是我国创新成果转化及应用的重要保障。

改革开放以来，我国科技产业发展取得了巨大成就，但仍面临着关键技术缺失、核心技术供给不足等难题，在关键时刻还出现被"卡脖子"现象。这也充分说明了促进我国关键科技产业发展的必要性和急迫性。在这样的特殊历史条件下，硬科技孵化器作为重要科技领域创业企业的培育平台，在助推科技创业企业成长和研发成果转化，进而推动关键科技产业发展中的地位和作用就更加凸显出来了。

与普通孵化器相比，硬科技孵化器致力于为技术密集型创业企业提供专业、深度的投资与孵化服务，从而促进原创性技术研发，提升技术商业化发展能力。硬科技孵化器不仅为在孵企业提供办公场所、技术咨询、商业顾问、创业培训等基本增值服务，还能根据在孵企业的自身特质和需求提供项目调研、项目开发、品牌推广、市场拓展等定制化高级增值服务，从而在帮助硬科技创业企业克服成长过程中的新创弱性、促进硬科技创业企业健康成长的同时不断提高孵化绩效。随着我国创新驱动发展战略的推进，典型的硬科技孵化器不断涌现，其中一些取得了令人欣慰的业绩。例如，作为"硬科技"理念的提出者和"硬科技"投资的先行者，西安中科创星科技孵化器有限公司是中国专注于硬科技创业孵化与投资的专业平台，截至 2020 年 6 月，西安中科创星科技孵化器有限公司已累计投资孵化硬科技企业 320 家，其中 7 家企业挂牌上市。

以往对于孵化器的研究，除了从理论层面探讨孵化服务平台的商业模式、运行机制、转型动力外（唐明凤等，2015；乌仕明和李正风，2019），更多的研究集中在对孵化服务平台运营绩效的影响因素方面（Adlesic and Slavec，2012；Peters et al.，2004；Somsuk and Laosirihongthong，2014；毕可佳等，2017；胡海青等，2017；张宝建等，2015）。上述研究也说明，孵化器为创业企业提供了获取外部资源的新途径，从而帮助其克服早期成长困境（王康等，2019；Hausberg and Korreck，2020）。但我国孵化器发展仍面临着投资者、运营者、受益者不明，平台建设资金来源不充分，已有的设施与设备利用率低，缺乏经营思想和经营手段，在孵企业信任度低，难以形成可持续发展模式等问题。尤其对硬科技创业而言，孵化的难度更大。硬科技创业企业的研发活动越密集、先进科技成果支撑性越强，其成长过程中的资源需求就越大、需求异质性也越强（Brown and Mason，2014），一般孵化器自身资源和能力难以满足硬科技创业企业的需求（张力等，2012）。因此，深入探究面向硬科技创业的孵化机制十分必要。

由于创业孵化在科技型创业企业生存和成长中的重要性，国家重点研发计划在 2017 年度"现代服务业共性关键技术研发及应用示范"专项中，将"创业孵化服务"方面的研究工作列入其中。2017 年 10 月，我作为负责人申请的国家重点研发计划课题"孵化服务价值链与生态系统研究"（课题编号：2017YFB1402001）获得批准。此后，我带领研究团队成员按照课题研究计划开展了 4 年多的研究工作。本书是该课题成果的核心部分。

作为课题的合作单位，启迪之星（北京）科技企业孵化器有限公司、西安中科创星科技孵化器有限公司、北京洪泰同创信息技术有限公司、清华大学天津高端装备研究院等孵化器及其孵化的科技企业为本课题的调研工作提供了良好的条件。清华大学基础工业训练中心主任、iCenter 中心主任李双寿教授作为"项目负责人"，启迪之星（北京）科技企业孵化器有限公司董事长张金生先生，西安中科创星科技孵化器有限公司创始合伙人、联席 CEO 李浩先生，北京洪泰同创信息技术有限公司董事长乔会君先生，清华大学天津高端装备研究院副院长张晓晴女士等作为本课题的"合作课题负责人"为本课题调研给予了大力支持和各种帮助,并参与了研究工作的讨论。

李梦雅博士作为本课题招聘的博士后(她现任四川大学商学院特聘副研究员,入选第八届科协"青年人才托举工程"),自2020年1月进站后一直参加本课题的研究工作。胡晓博士是我指导的博士生,2017年自清华经管学院毕业(他获得了北京市优秀博士毕业生称号,现任西南财经大学金融学院长聘副教授)。他毕业后仍作为课题成员参加了该课题研究工作。马倩同学是我指导的博士生(2020级),自2019年开始参加该课题研究工作。他们三位与我共同完成了本书的研究和撰写工作。

除了我们4位署名作者外,清华大学经管学院郭依迪教授、王毅教授及谢真臻教授参与了有关研究内容的讨论;我所指导的博士生郭穗芳、李潭、邱姝敏、李加鹏等和硕士生王琛、高玉锦、余之一、付豪、常益等,以及北京航空航天大学硕士生邹济(现已录取为清华大学经管学院博士生)和北京大学硕士生贾时龙参与了课题的调研工作及研究框架的讨论。

为了完善相关研究工作,我们邀请来自哈尔滨工业大学的于渤教授和吴伟伟教授、哈尔滨工程大学的毕克新教授、哈尔滨理工大学的王宏起教授、哈尔滨商业大学的白世贞教授、中国科学院大学的官建成教授和乔晗教授、中国科学院科技战略咨询研究院的余江研究员、大连理工大学的苏敬勤教授、上海交通大学的谢富纪教授、北京理工大学的夏恩君教授、北京科技大学的杨武教授、电子科技大学的邵云飞教授、重庆大学的龙勇教授、中国海洋大学的李志刚教授等高校和研究机构的15位创新创业领域的专家学者,于2021年5月22日在北京召开了"硬科技创业孵化机制研讨会"。在会上,课题组对相关研究内容和工作进行了汇报,与会专家进行了深入研讨和交流。专家们对研究成果给予了充分肯定,同时提出了许多宝贵的改进意见和建议。

2021年8月,清华大学在北京召开了"面向专业技术领域的孵化服务平台建设研究"绩效评价会。评价专家华北电力大学学术委员会副主任牛东晓教授、北京北大科技园有限公司王国成总经理、中国标准化研究院信息化标准化研究所刘碧松所长、中国专利技术开发公司彭茂祥副总经理、北京航空航天大学软件开发环境国家重点实验室副主任张辉教授、中国计量科学研究院国家计量数据中心申其辉研究员、中国传媒大学视听技术与智能控制系统文化部重点实验室主任蒋伟教授对我们的研究成果给予了充分认可并提出了中肯的改进意见。西安中科创星科技孵化器公司创始合伙人米磊博士等 71 位孵化工作者和北京宏诚创新科技有限公司创始人田川先生等 82 位被孵企业工作者接受了我们研究团队的访谈，贡献了他们孵化和创业的经验、见识与智慧。

针对各个阶段来自不同方面的意见，我们团队都进行了认真分析和讨论，深入领会其实质，进而认真改进研究成果。

对于各位前辈、朋友、同仁的大力支持和帮助，在此表示衷心的感谢！

由于来自各方的帮助和作者的努力，使研究成果达到较高的水平，具有了较高的实用价值。一些孵化平台开始应用我们的研究成果。除了本课题合作单位启迪之星（北京）科技企业孵化器有限公司、西安中科创星科技孵化器有限公司、北京洪泰同创信息技术有限公司、清华大学天津高端装备研究院等之外，本书的主要成果还在广东粤港澳大湾区硬科技创新研究院、南京南智光电子集成技术研究院、浙江大学华南工业技术研究院、青岛海尔智能技术研发有限公司等孵化服务平台得到实际应用。基于各孵化服务平台的信任与支持，本书研究成果得到进一步的应用验证和改进。对于这些孵化平台的支持和帮助，我们将铭记在心！

作为探索性研究，本书肯定存在许多不足甚至错误。我们恳请学界和业界同仁提出意见和批评！并愿与大家一起为中国硬科技孵化事业，进而为中国硬科技产业的高质量发展研究真正问题、发现客观规律、寻找有效对策！

杨德林

2023 年春于北京清华园

随着创新创业浪潮的兴起，中国科技产业发展取得了令人瞩目的成绩，但仍存在核心技术供给不足、关键技术缺失等"卡脖子"难题。如何在推动经济高质量发展的过程中实现核心技术突破，是中国经济发展应对全球革新变局的关键策略。作为国家创新体系的重要组成部分，硬科技孵化器在促进技术创业企业成长、助力研发成果转化方面具有突出作用。相比一般创业活动，硬科技创业具有高风险性、长周期性的特征，且硬科技产品通常面临商业化渠道与经验不足。因此，硬科技孵化器提供的专业且深度的孵化服务对硬科技创业企业的发展起着至关重要的作用。

通过梳理创业孵化领域的前期文献发现，学者们大多以综合型孵化器为研究对象，对孵化器的商业模式、运行机制、运营绩效等进行了探究。但与综合型孵化器相比，硬科技孵化器致力于为技术创业企业提供专业、深度的投资与孵化服务，促进原创性技术研发，提升技术商业化发展能力。因此，硬科技孵化器的实施目的、策略与机制与综合型孵化器存在许多差异，需要进一步探究。

基于此，结合"硬科技"和"创业企业"的双重特征，本研究有针对性地探索硬科技创业孵化机制。首先，对硬科技孵化器资源行动演化与工程化能力问题进行研究。其次，对硬科技孵化器被孵企业组合管理、知识共享治理、多基地资源联动、线上线下体系整合问题进行研究。最后，对硬科技创业孵化生态的构建与演化问题进行研究。本书的主要研究结论如下。

第一，硬科技孵化器的资源行动表现出"资源构筑→资源编排→资源协奏→资源重构"的动态升级。在孵化网络初建、扩张及形成阶段，硬科技孵化器资源配置模式、重点及目标也应不断调整，进而不断优化自身的资源行动选择。

第二，硬科技孵化器工程化能力包括感知能力、利用能力和再配置能力。孵化器构建工程化能力的机制，包括结构性构建机制和功能性构建机制，其中结构性构建机制包括合作网络嵌入、模块化资源整合和组织结构变革，功能性构建机制包括管理者认知、知识共享和组织间学习。

第三，硬科技孵化器内部被孵企业间的"交流→互动→重构"三个交互环节对硬科技创业企业价值链活动具有重要赋能作用，而孵化器可以通过构建"天使投资＋专业孵化＋产业生态"的基础保障和信息、信任、演化三种组合管理机制来实现。此外，孵化器可以通过促进被孵企业间知识共享的频次和成功率来提升孵化成功率。

第四，作为资源联动的参与主体，硬科技孵化器基地能够在资源联动的过程中基于自身的资源和区位优势选择合适的联动策略，孵化器总部能够在资源联动的过程中构建信息共享、开放合作、协同发展和长远共赢四种机制，促进资源联动效能的有效发挥。

第五，硬科技孵化器的"互联网＋"转型是一个由量变到质变的动态累积过程，沿着"以'模仿＋并购'为基础的垂直资源聚合→以实体孵化为主、虚拟孵化为辅的横向资源聚合→以线上线下孵化协同发展的平台式资源聚合"的路径演进。

第六，以硬科技孵化器为中心的创业生态系统的演化过程主要分为信息收集、资源获取与模式设计、跨区域整合三个阶段。双元能力在推动以硬科技孵化器为核心的创业生态系统演化的过程中起到了决定性的作用，主要包含结构性双元能力、环境性双元能力和领导性双元能力三个部分。

本研究紧密结合硬科技创业孵化实务工作，研究成果的主要实践启示如下。

第一，硬科技孵化器应积极进行组织内外部的资源获取和整合。对外硬科技孵化器应积极加入合作联盟、构建合作关系来拓宽自身的合作网络，并且优化当前合作网络中的合作者和合作关系强度。合作网络将能够为孵化器带来更加广阔的工程化资源，进而可以提升工程化能力。对内硬科技孵化器还需要根据内部资源的性质和内容对资源进行模块化的资源整合。尤其在工程化硬件设施资源和工程化专业人才板块，模块化的整合将有效提升服务的效率，在模块化资源的整合和使用过程中逐渐形成孵化器的工程化核心能力。

第二，硬科技孵化器应改变思路，告别传统"一对一"的孵化模式，开展有效的被孵企业组合管理，通过搭建被孵企业之间交流和合作的平台，推动整个被孵企业群体的成长。为了促进和保障被孵企业间高质量的交流和合作，硬科技孵化器可以借助线上交流群、线下培训会等多种方式为被孵企业 CEO 创造良好交流环境，并凭借自身专业背景广泛发掘被孵企业间可能存在的合作机会。硬科技孵化器还应明确被孵企业组合中各企业的诉求和优劣势，帮助合作双方形成恰当的合作模式，同时引导已达成的实质性合作进一步发展为长期合作关系。

第三，硬科技孵化器应考虑通过建立标准化的被孵企业知识共享库来优化被孵企业知识共享的过程。同时，硬科技孵化器可以制定完善的知识共享绩效事先分配方案或事后监督方案促进被孵企业间的知识共享。硬科技孵化器作为被孵企业之间共同信任的"第三方"，应主动发挥其监督和调解作用，帮助双方企业降低合作壁垒，提升合作意愿。

第四，硬科技孵化器不仅要注重拓展孵化网络的布局范围，还要加强孵化网络联系的紧密程度，从而为硬科技创业企业快速获取、合理布局与深度整合资源创造条件。而硬科技孵化器总部在资源联动的过程中要发挥自身强有力的监督治理作用，以此激发更大的资源联动价值。硬科技孵化器基地则应在资源联动的过程中根据自身的优势属性选择合适的资源联动策略，在提升自身资源基础、增强资源输出能力的同时不断优化自身在网络中的位置、提高资源获取能力，从而保持或争取资源联动发展过程中的主动地位，充分利用全网资源联动优势更好成长。

第五，硬科技孵化器应结合被孵企业的发展特点及需求建立相应的线上孵化，并根据自身发展阶段重点培育和适时调整自身的技术创新动态能力，从而逐渐实现线上线下体系整合。在发展初期，硬科技孵化器可通过引进和消化吸收外部资源构建其发展基础，紧跟市场需求，通过流程改造、再设计等在消化外部知识、学习模仿中培育自身的资源聚合能力，即微观集成；当已具备一定的虚拟孵化技术积累、能大幅度集成外部资源时，可尝试与其他科研机构建立长期稳定的合作关系，即中观集成；最后可依托"互联网+"技术和线上孵化的战略引导，通过建立线上线下孵化体系激发持续性的资源聚合能力，即宏观集成。

第六，硬科技孵化器应积极主动地推进创业孵化生态系统的构建及完善。硬科技孵化器在搭建与完善创业孵化生态的过程中，应明确自身在其中的主导地位，树立系统性的思维，并努力培育自身多重的双元能力，通过保持组织的双重灵活性以更好地应对外部变化迅速、不确定性程度高等挑战。

目　录

第1章　研究背景与框架设计 ……………………… 1

1.1　研究背景 ……………………………… 2

1.2　重要概念界定 ………………………… 4

1.3　研究框架 ……………………………… 7

1.4　研究设计 ……………………………… 9

1.4.1　研究方法 ……………………… 9

1.4.2　案例选择 ……………………… 10

1.4.3　资料来源 ……………………… 12

第2章　硬科技孵化器资源行动演化 …………… 13

2.1　研究问题与方法 ……………………… 14

2.1.1　问题提出 ……………………… 14

2.1.2　研究方法与案例选择 ………… 17

2.1.3　数据收集与分析 ……………… 19

2.2　孵化器资源行动与硬科技孵化企业成长 ……… 21

2.3　硬科技孵化器资源行动演化机制 …………… 27

2.4　研究小结与实践启示 ………………… 29

第3章　硬科技孵化器工程化能力构建 ………… 33

3.1　研究问题与方法 ……………………… 35

3.1.1　问题提出 ……………………… 35

3.1.2　研究方法与案例选择 ……………… 38

3.1.3　数据来源与分析过程 ……………… 38

3.2　硬科技孵化器工程化需求 ………………… 42

3.3　硬科技孵化器工程化能力内涵 …………… 45

3.4　硬科技孵化器工程化能力构建机制 ……… 48

3.4.1　结构性构建机制 …………………… 48

3.4.2　功能性构建机制 …………………… 50

3.5　研究小结与实践启示 ……………………… 52

第 4 章　硬科技孵化器被孵企业组合管理 ……………… 55

4.1　研究问题与方法 …………………………… 57

4.1.1　问题提出 …………………………… 57

4.1.2　研究方法与案例选择 ……………… 58

4.1.3　数据来源与分析过程 ……………… 59

4.2　硬科技创业关键价值链活动 ……………… 64

4.3　硬科技被孵企业间价值共创活动 ………… 66

4.4　硬科技孵化器被孵企业组合管理机制 …… 70

4.5　研究小结与实践启示 ……………………… 73

第 5 章　硬科技孵化器知识共享治理 ………………… 75

5.1　研究问题与方法 …………………………… 76

5.1.1　问题提出 …………………………… 76

5.1.2　研究方法与案例选择 ……………… 78

5.1.3　数据来源与分析过程 ……………… 80

5.2　被孵企业的知识共享过程 ……………………… 83

5.3　孵化器的知识共享治理机制 …………………… 87

　　5.3.1　辅助匹配治理机制 ……………………… 87

　　5.3.2　行为优化治理机制 ……………………… 91

　　5.3.3　绩效分配公平化治理机制 ……………… 95

5.4　研究小结与实践启示 …………………………… 101

第6章　硬科技孵化器多基地资源联动 ……………… 105

6.1　研究问题与方法 ………………………………… 107

　　6.1.1　问题提出 ………………………………… 107

　　6.1.2　研究方法与案例选择 …………………… 110

　　6.1.3　数据来源与分析过程 …………………… 113

6.2　硬科技孵化器资源联动过程 …………………… 117

6.3　硬科技孵化器基地资源联动策略 ……………… 122

6.4　硬科技孵化器总部资源联动保障机制 ………… 127

6.5　研究小结与实践启示 …………………………… 131

第7章　硬科技孵化器线上线下体系整合 …………… 137

7.1　研究问题与方法 ………………………………… 139

　　7.1.1　问题提出 ………………………………… 139

　　7.1.2　研究方法与案例选择 …………………… 141

　　7.1.3　数据来源 ………………………………… 143

7.2　硬科技孵化器线上孵化实践 …………………… 146

　　7.2.1　线上孵化体系存在的问题 ……………… 146

　　　　7.2.2 硬科技孵化器线上孵化体系构成 ········ 147

　　　　7.2.3 硬科技孵化器线上孵化作用机制 ········ 152

　　7.3 硬科技孵化器线上线下体系整合机制 ·········· 156

　　7.4 研究小结与实践启示 ························ 169

第 8 章 硬科技创业孵化生态构建与演化 ·············· 173

　　8.1 研究问题与方法 ·························· 175

　　　　8.1.1 问题提出 ······················ 175

　　　　8.1.2 研究方法与案例选择 ················ 177

　　　　8.1.3 数据来源与分析过程 ················ 178

　　8.2 硬科技创业孵化生态构建 ·················· 180

　　8.3 硬科技创业孵化生态演化机制 ··············· 184

　　8.4 研究小结与实践启示 ······················ 194

第 9 章 总结与讨论 ···························· 197

　　9.1 总结 ····························· 198

　　9.2 贡献与应用 ······················· 201

　　9.3 研究展望 ························· 204

参考文献 ·································· 205

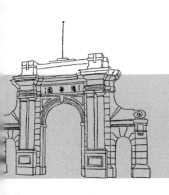

第 1 章　研究背景与框架设计

◉ 1.1 研究背景

　　硬科技（key and core technology）是指需要长期研发、持续积累才能形成的高原创、高壁垒的技术产品、设备和系统（杨斌和肖尤丹，2019）。根据中国科学院发布的《2019 中国硬科技发展白皮书》，与过去高技术（high technology）概念相比，硬科技着重强调三个维度的特征：①基础性。硬科技应该在科技体系中起支撑作用，是众多技术问题解决的基础。②突破性。硬科技应该反映具有较高门槛、亟待突破的技术瓶颈，且依靠长期持续的研发投入有机会形成难以被模仿的突破性成果。③引领性。硬科技应该是具有带动力和衍生力的共性使能技术，能广泛结合应用场景，进而引领很多产业的发展和变革。

　　当前，中国正处在世界新一轮科技革命与内在发展方式变革的历史性交汇时期，同时也开始面临越来越多的国外技术封锁和产品禁运，硬科技在国家创新战略中的地位愈加凸显。2018 年 12 月 6 日，李克强总理在国家科技领导小组第一次会议上强调要"突破硬科技"研究，努力取得更多原创成果。2019 年 10 月 16 日，科技部火炬中心主持召开硬科技发展工作座谈会，研究推进硬科技发展。2019 年 11 月 4 日，习近平总书记在上海考察时指示，支持和鼓励硬科技企业上市。

高校、科研院所和大型科技企业自然是硬科技的重要载体，其所拥有的知识基础和研发能力是实现硬科技突破的重要保障。近 20 年来，新兴创业企业在推动硬科技进步中的作用日益凸显。在航天领域，2008 年成立仅 5 年的美国太空探索技术公司 SpaceX 在经历多次失败试验后，终于成功发射了首枚低成本火箭，并逐步掌握了全球领先的火箭回收技术；而在当前最炙手可热的人工智能领域，引领技术前沿的寒武纪科技、商汤科技、深鉴科技等中国企业均为创立不足 6 年的创业企业。此外，基于硬科技的创业企业为了取得生存空间，必须努力跨越实验室技术原型到市场化产品间的鸿沟。这个过程同时伴随着硬科技的应用、扩散和产业生态的形成，对于发挥硬科技引领作用至关重要。从另一个角度看，所有企业都是经创业阶段成长起来的。当前许多代表性硬科技企业在其创立时便聚焦硬科技的研发。例如，华为在其成立的第二年便开始自主研发小型交换机 BH01，之后每年坚持不低于营业收入 10% 的研发投入，在移动通信、芯片、操作系统等诸多硬科技领域取得了突破性进展。

与一般创业企业相比，硬科技创业企业大多聚焦于高不确定性、高投入、长周期的新兴领域，但创业企业的身份又使其受制于新进入缺陷（liability of newness）和小规模障碍（liability of smallness）而始终面临合法性缺失、资源获取困难、抗风险能力不足等困难（Zhang and White，2016）。很多硬科技创业企业虽然拥有领先的技术和产品，但成长困境却阻碍其形成可持续的创新能力。鉴于硬科技创业企业的特点，其成长会更加依赖外部力量的帮助，特别是专业孵化的支持（黄波等，2019；吴玉伟和施永川，2019）。

孵化器旨在为创业企业提供获取外部资源的集成平台，从而帮助创业企业克服早期成长困境并实现快速成长（王康等，2019；Hausberg and Korreck，2020）。30 年来，中国孵化器产业蓬勃发展，成为推动创新创业的重要力量。不过，需要注意的是，当前孵化器产业的孵化深度存在严重不足。多数孵化器的服务能力低下，仅向入驻企业提供场地和资金，难以针对被孵企业匹配成长所需的关键资源。事实上，对硬科技创业企业进行孵化的难度会更大。一方面，硬科技创业企业成长过程中的资源需求大、需求异质性强，孵化器仅靠自身资源和能力难以满足；另一方面，硬科技创业企业的产品技术门槛高、知识产权保护意识强，孵化器也较难为其对接外部资源。据此，如果不能构建恰当的硬科技创业孵化机制，可能会致使相当一部分有进行硬科技研发和商业化意愿的创业企业由于得不到有效孵化支持而最终失败，进而加剧"创业虚化"现象（吴玉伟和施永川，2019）。

对此，本书将紧密结合"硬科技"和"创业企业"的双重特征，进而有针对性地探索硬科技创业孵化机制。

◉ 1.2　重要概念界定

根据现有理论研究及案例资料的分析归纳，本章对涌现出的重要概念界定如下。

（1）硬科技

硬科技（key and core technology）是指需要长期研发、持续积累才能形成的高原创、高壁垒的尖端科学技术。这些技术能代表世界科技发展最先进水平、引领新一轮科技革命和产业变革，对经济社会发展具有重大支撑作用的关键核心技术。当前硬科技的代表性领域主要有：人工智能、航空航天、生物技术（含基因技术、脑科学等）、光电芯片、信息技术（含量子科学、区块链、物联网、大数据等）、新材料、新能源、智能制造等。

（2）硬科技孵化器

作为创业系统的重要组成部分，孵化器不仅为在孵企业提供办公场所、技术咨询、商业顾问、创业培训等基本增值服务，还能根据在孵企业的自身特质和需求提供项目开发、品牌推广、市场拓展等定制化高级增值服务，从而在帮助创业企业克服成长过程中的新创弱性、促进创业企业健康成长。由于硬科技是指需要长期研发、持续积累才能形成的高原创、高壁垒的科学技术，因此我们将硬科技孵化器定义为：旨在推动硬科技创业企业成长和促进硬科技研发成果转化，为硬科技创业企业提供专业、深度的投资与孵化服务，从而促进原创性硬科技技术研发，打通硬科技产业发展链条的社会经济组织。

（3）硬科技孵化器资源行动

资源行动是企业根据内外部资源状况采取的组织行为。作为推动创业企业能力进阶的主要组织行为，硬科技孵化器会在内层网络发展过程中采取相应的资源行动，在促进网络资源合理配置与优化整合的基础上，提升硬科技创业企业的资源基础和资源利用效率。因此，我们在已有研究基础上，将硬科技孵化器资源行动定义为：为提高孵育增值效率以更好地满足硬科技被孵企业成长过程中的需求，硬科技孵化器根据自身资源情境而采取的一系列围绕内外部资源的组织行为。

（4）硬科技孵化器工程化能力

对于硬科技创业企业而言，工程化环节中出现的各类问题是阻碍它们成长的重要因素，硬科技创业企业存在工程化发展需求。我们将硬科技孵化器工程化能力定义为孵化器赋能硬科技创业企业工程化工作的能力，主要分为工程化感知能力、工程化利用能力和工程化再配置能力。工程化感知能力指硬科技孵化器需要对被孵企业在工程化过程中所面临的问题进行准确、即时、深入感知的能力；工程化利用能力指硬科技孵化器对内外部资源获取和配置的能力；工程化再配置能力指硬科技孵化器对被孵企业潜在需求预测、欠缺资源摸索和共创性再配置的能力。

（5）硬科技被孵企业价值共创

价值共创的概念最早诞生于市场营销领域，指企业与顾客共同创造独一无二的价值。硬科技孵化器作为孵化系统中的核心，不仅能够直接为被孵企业提供孵化服务，还可作为中间人帮助被孵企业对接孵化资源。相较于来自外部网络的资源，硬科技孵化器对被孵企业资源会更熟悉且更有控制力。我们将硬科技被孵企业价值共创定义为：硬科技孵化器通过促进和保障被孵企业间的互动来实现内部资源整合，推动被孵企业共同成长的过程。

（6）硬科技孵化器知识共享治理

在知识经济时代背景下，知识作为组织创造和保持可持续竞争优势的异质化资源，对企业发展具有重要意义。知识共享是指组织的员工或内外部团队在组织内部或跨组织之间，彼此通过各种渠道进行知识交换和讨论，其目的在于通过知识的交流，扩大知识的利用价值。我们把硬科技孵化器知识共享治理界定为通过对硬科技孵化器知识共享过程进行总体治理架构和组织运行机制的系统安排，以此实现知识转移、共享和创造价值的最大化。

（7）硬科技孵化器多基地资源联动

在孵化器网络化发展日趋盛行的背景下，能否在多个孵化基地紧密联系的内层网络中通过资源联动高效赋能创业企业成为孵化器撬动互补优势、提升创新合力的关键。同一孵化器下属的多个孵化基地不仅仅是孵化器拓展业务的物理站点，更重要的是实现孵化网络资源合理汇聚、部署的重要依托。我们将硬科技孵化器多基地资源联动定义为：同一孵化器下属的多个孵化基地通过采取相应行动以实现孵化器内部资源有效流动、共享与协作，进而加速企业成长的过程。

（8）硬科技孵化器线上线下体系整合

随着互联网的快速发展，硬科技孵化服务逐渐从线下衍生出了线上的服务模式。线上孵化服务模式的出现，需要针对线下进行互补，借助互联网快速、准确、全面的优势，实现跨区域的资源调动和协奏。我们将硬科技孵化器线上线下体系整合定义为：硬科技孵化器借助互联网信息技术创新，发挥线上孵化的时效性、便捷性、价值性，从而促进线上孵化与线下孵化的优势互补与体系交融，实现硬科技孵化器"互联网＋"转型。

（9）硬科技创业孵化生态

随着创业活动愈发密集，创业研究有待从个体、组织层面跃迁至系统层面。在组织研究领域，生态系统的概念用来解释组织产生、存活和成长的历程。随着创业研究的深入，这一视角也被用以描述市场中创业活动及活动主体与创业环境互动作用的影响。我们将硬科技创业孵化生态定义为：在特定的空间范围内，以培育硬科技创业企业为目标，形成的以硬科技孵化器为中心，由硬科技孵化器、硬科技创业企业、政府机构、高校及科研院所、投融资机构、中介机构、大型企业等主体构成的开放、复杂的统一整体。

◉　1.3　研究框架

硬科技创业是创业企业在硬科技领域不断实现价值创造和增值的过程，硬科技创业企业的各个活动相互关联、相互影响，并最终实现价值产出，推动企业成长。对此，硬科技孵化本质是一个围绕硬科技创业企业的价值创造过程，这需要硬科技孵化器充分结合硬科技创业的特性，广泛利用内外部资源、提升硬科技孵化能力进而实现孵化价值最大化。

结合以上分析，本书设计了如图 1.1 所示的整体研究框架。基于资源与能力的视角，首先对硬科技孵化器资源行动演化与硬科技孵化器工程化能力问题进行研究，其次对硬科技孵化器被孵企业组合管理、硬科技孵化器知识共享治理、硬科技孵化器多基地资源联动、硬科技孵化器线上线下体系整合问题进行研究，最后对硬科技创业孵化生态的构建与演化问题进行研究。以期能够在理清硬科技创业孵化研究整体思路的基础上，研究出有关孵化规律，为硬科技孵化器的建设及高质量成长提供有价值的参考。

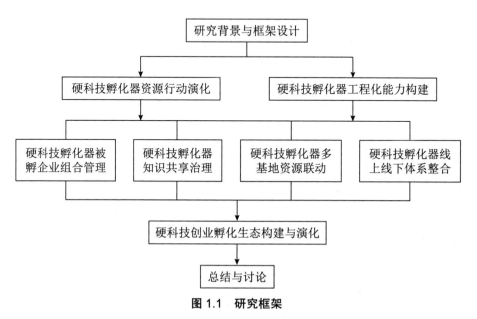

图 1.1　研究框架

本书具体章节安排如下。

第 1 章，研究背景与框架设计。主要包含本书的研究背景、研究目标、重要概念界定、研究框架以及研究设计等。

第 2 章，硬科技孵化器资源行动演化。通过分析硬科技孵化器如何在内层网络中开展有效的资源行动进而促进被孵企业成长，揭示硬科技孵化器资源行动在内层网络发展过程中的动态演化过程。

第 3 章，硬科技孵化器工程化能力构建。从动态匹配视角出发，通过分析硬科技孵化器所需要具备的工程化核心能力，归纳出硬科技孵化器根据企业需求来利用动态匹配的方式构建企业核心能力的机制。

第 4 章，硬科技孵化器被孵企业组合管理。从价值共创视角出发，通过分析硬科技被孵企业之间价值共创对创业关键价值链活动的赋能作用，归纳基于价值共创的硬科技创业企业孵化赋能机制。

第 5 章，硬科技孵化器知识共享治理。从知识基础理论出发，通过分析硬科技孵化器如何针对被孵企业间的知识共享构建相应的知识治理体系，归纳硬科技孵化器知识治理行为对被孵企业知识共享意愿的作用机制。

第 6 章，硬科技孵化器多基地资源联动。从硬科技孵化器多基地协同发展视角出发，通过梳理硬科技孵化器资源联动过程中的关键行动、策略选择及保障机制，归纳内层网络情境下硬科技孵化器资源联动过程及内在机制。

第 7 章，硬科技孵化器线上线下体系整合。结合"互联网 +"视角，在分析硬科技孵化器线上孵化实践、考察硬科技孵化器线上线下整合模式和实施路径的基础上，探讨硬科技孵化器如何实现"互联网 +"转型。

第 8 章，硬科技创业孵化生态构建与演化。在构建硬科技创业孵化生态的基础上，从双元能力视角探索了硬科技孵化器为核心的创业生态系统演化过程。

第 9 章，总结与讨论。总结本书的主要结论，理论贡献与应用价值，并对未来值得进一步拓展和探讨的方向及问题进行展望。

◉　1.4　研 究 设 计

1.4.1　研究方法

本书采用的研究方法主要如下。

（1）案例研究方法

案例研究在完善理论架构，深入描述研究对象，分析现象复杂性等方面具有显著优势，擅长解决"如何""怎么样""为什么"的问题（Eisenhardt，1989）。由于本书的研究内容属于"如何""怎么样"的问题，例如，第 3 章的研究问题是"硬科技创业孵化器如何构建自身工程化孵化能力？"第 4 章的研究问题是"硬科技孵化器如何促进和保障被孵硬科技创业企业间的价值共创？"第 6 章的研究问题是"硬科技孵化器多基地在内层网络情境下如何实现资源联动以高效赋能创业企业？"等等，因此适合案例研究方法。同时，本书涉及的研究问题较为新颖独特，属于新现象、新问题，前述相关研究较少。案例研究的目的则是形成理论，而不是对理论进行验证，案例研究方法能够不依赖原有的文献或以往的经验证据，基于对收集的案例材料进行分析归纳，通过挖掘现象背后的理论逻辑，得到有新意且可靠的理论结果。

（2）田野调查

田野调查研究方法是来自文化人类学、考古学的基本研究方法论，即"直接观察法"。研究过程包含了 5 个阶段：准备阶段、开始阶段、调查阶段、撰写调查研究报告阶段和补充调查阶段。研究对象和地区选定之后，研究团队开始了正式调查，包含"参与观察"与"深度访谈"，团队成员每天记录和整理在调查对象的调研笔记，同时兼顾调查、整理和反馈。并在之后的研究过程中不断提炼、完善相应的理论模型，对欠缺或存在分歧的材料进行不断补充，直至达到饱和。

1.4.2　案例选择

本书选择西安中科创星科技孵化器有限公司（以下简称"中科创星"）、北京启迪创业孵化器有限公司（以下简称"启迪之星"）、洪泰智造（青岛）信息技术有限公司（以下简称"洪泰智造"）等硬科技孵化器为案例研究对象，原因如下。

第一，这三家硬科技孵化器是硬科技孵化行业的代表性企业。中科创星是由中国科学院西安光学精密机械研究所（以下简称"中科院西光所"）2013 年联合社会资本发起创办的一家专注于硬科技的国家级孵化器，目前已围绕人工智能、生物技术、信息技术、航空航天、光电芯片、新材料、新能源、智能制造这八大硬科技领域展开了孵化，且其管理的被孵企业组合取得了非常瞩目的成绩，并获得了"2020 综合早期投资机构第三名""2020 最活跃早期投资机构第二名""2020 智能制造领域最佳投资机构第一名"等荣誉。启迪之星是清华科技园背景的孵化器。自 2001 年成立以来，专注于服务硬科技领域的创业企业。现已孵化出了一大批硬科技龙头企业，如海兰信、世纪瑞尔、亿华通、兆易创新等。同时，基于清华科技园和自身积累的技术基因，启迪之星始终专注于硬科技早期投资，现已成为我国硬科技早期投资的标杆企业，并获得了"2021 年度中国最佳早期投资机构 TOP50""2021 年中国硬科技早期投资机构 TOP20"等荣誉。洪泰智造于 2011 年成立，是一家专注于智能制造创业孵化的硬科技孵化器，配备实体孵化空间和线上孵化平台的"投资＋孵化"服务体系，已取得了非常瞩目的成绩，现服务企业超过 3000 家，深度孵化企业 300 余家，先后获得了"2018 创新典范：创新服务平台""2019 中国硬科技行业最佳投资机构 Top1""2020 科技创业导师贡献奖"等荣誉，受到业内一致的认可。

第二，这三家硬科技孵化器为了有效利用资源、提升孵育能力，采取了一系列措施并取得了良好的孵化效果。例如，中科创星内部被孵企业间的价值共创非常活跃，已形成了多样的交流和合作模式，以及较为成熟的价值共创保障机制；启迪之星内部的资源联动非常活跃，已形成多样化的资源部署与协调模式。为了有效发挥内层网络的孵育价值，启迪之星陆续推出一系列措施以推进内层网络资源的优化布局与协同发展，如，启动"联动计划"、打造孵化"高铁列车"、构建互联网镜像孵育体系等，从而有助于我们观察和梳理孵化器资源联动过程及其机制；洪泰智造是一家建立了工程化核心能力的孵化器，并且一直在探索智能制造领域的孵化能力建设，现已建立起以"智造工场""凌波系统"为代表的服务体系，形成了自己独特的孵化能力。这为本书的系列研究问题提供了合适的研究情境。

第三，这三家硬科技孵化器均开办时间较早，有较长时间的业务积累。同时，研究团队与这三家孵化器均有较长时间的合作关系，对三家硬科技孵化器进行了长期跟踪与调研，从而获得了丰富的一手与二手案例资料。充足的研究资料有助于实现资料之间的补充和验证，提高了结论的可信度和有效性。

1.4.3　资料来源

多层次、多数据源的收集方法，案例资料之间形成相互印证和补充，可提高案例研究的信度和效度（Yin，2002）。本书的资料来源主要有：第一，一手资料。一手资源主要包括半结构化访谈、调查问卷、田野观察等收集到的案例资料。第二，二手资料。二手资料主要包括各硬科技孵化器的官方网站信息、发展规划、组织架构、活动素材、培训资料以及对孵化企业的调研资料、高层管理人员出席活动的讲话、权威媒体新闻报道及访谈视频等。

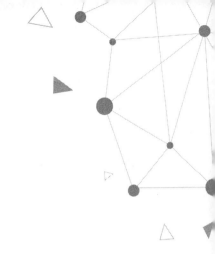

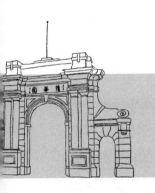

第 2 章　硬科技孵化器资源行动演化

随着内层网络广度与深度的不断发展及网络资源质量的不断提升，硬科技孵化器资源行动的目的、方式及策略也呈现较大差异。如何提高孵化内层网络的运行效率已经成为硬科技孵化器在复杂的产业发展环境下发挥孵育优势、实现赋能目标的关键问题。虽然已有研究肯定了硬科技孵化器资源行动对被孵企业绩效提升的重要作用（Bridoux et al., 2013；范黎波和林琪，2020），但忽略了硬科技孵化器资源行动的动态演化特征。因此，本章将围绕硬科技孵化器如何在内层网络中开展适当的资源行动进而促进技术创业企业成长这一研究问题，以北京启迪创业孵化器有限公司为案例分析对象，依托内层网络情境，遵循"网络—行动—绩效"的理论逻辑，详尽剖析孵化内层网络发展促使平台开展相应资源行动以提高硬科技创业企业资源获取与利用效率的内在机理，进而揭示了硬科技孵化器资源行动在内层网络发展过程中的动态演化过程。

● 2.1 研究问题与方法

2.1.1 问题提出

随着平台孵育模式的转变，越来越多的硬科技孵化器开始通过布局网络结点、营造网络环境等方式构建范围广泛、联系紧密的孵化网络，以此更好地满足硬科技被孵企业不同成长阶段的多样化需求（Eveleens et al.，2017）。孵化内层网络是以特定孵化平台为主体，包含孵化平台与孵化企业及孵化企业之间的关系网络（Soetanto and Jack，2013）。孵化内层网络使硬科技创业企业能够以较低成本有效获取所需的异质性资源，助力创业企业快速成长（Bruneel et al.，2012；Giudici et al.，2018；Blanka and Traunmuller，2020）。相比于外层网络，内层网络是硬科技孵化器精准洞察硬科技被孵企业发展需求，提供高效孵化服务，进而实现孵育增值目标的重要保障（王国红等，2015）。因此，在孵化网络发展日益受到重视的情况下，打开孵化内层网络对硬科技创业企业成长影响的"黑箱"具有重要意义。

回顾以往关于孵化内层网络的研究，多数学者认为内层网络是创业企业获取资源的重要载体和依托，对企业初期成长和后期发展具有重要影响（Branstad and Saetre，2016）。部门学者考察了硬科技孵化器如何通过推进孵化企业间的内部合作提升企业价值（Bøllingtoft，2012；Nijssenand Van Der Borgh，2017）。作为孵化网络的关键场域，内层网络是硬科技孵化器提升哺育能力、新创企业获得飞速发展的重要依托。因此，内层网络与创业企业成长的关系引起了学者们较为广泛的关注。例如，基于信息与知识共享的角度，Zhao 等（2017）研究发现创业企业之间在内层网络中的知识共享行为一方面能够帮助企业实现技术进步与积累，另一方面还能帮助企业获得更多市场发展机会，推进企业创新想法和产品的开发进程。Branstad 和 Saetre（2016）研究显示，内层网络能够为同一硬科技孵化器内的创业企业提供了有力的信任背书，企业能够通过交流、共享、合作等方式提升自身的创新与成长绩效。基于合作共赢的角度，Ferri 等（2009）发现，创业企业间的相互依存关系能够促进其在技术研发和生产方面保持长期稳定的合作，以此通过联合价值增值帮助创业企业成长。

张力和刘新梅（2012）以复杂网络理论为基础，理清了孵化内层网络的建设与扩张机制，结果发现硬科技孵化器和孵化企业及孵化企业之间在内层网络中的互动及合作是影响企业成长的重要因素。但现有研究更多聚焦于"网络—绩效"的直接因果关系，忽略了孵化内层网络对硬科技创业企业成长影响的内在机理，而明晰孵化内层网络提升硬科技创业企业绩效背后的内在逻辑才能为硬科技孵化器优化孵育增值功能提供更具洞见的理论认识。

关于孵化器资源行动方面的研究认为，孵化器能够通过开展不同类型的网络活动帮助创业企业获取并积累成长所需的多种资源（Scillitoe and Chakrabarti，2010）。但资源管理理论认为，资源本身并不能直接为企业带来竞争优势，只有通过具体的资源行动才能创造价值，帮助企业获得差异性的竞争优势（Sirmon et al.，2011）。因此，孵化器会聚焦内部与外部资源情境开展相应的行动。以往关于孵化器资源行动的研究主要有两个方面：其一，资源供给。Yusubova 等（2019）研究显示企业在不同发展阶段面临的资源缺口存在较大差异，孵化器应依据企业发展的需求状况为其提供相应的资源支持。Ayatse 等（2017）发现孵化器为企业提供的多层次资源是其发挥赋能作用的重要途径。其二，资源配置。Barbero 等（2014）发现孵化器的资源配置方式会由于孵化模式的不同而存在较大的差异性，从而使得孵化绩效也各有区别。周文辉和何奇松（2021）构建了促进孵化器资源优化配置的理论模型，结果显示通过建立结构赋能机制能够激发资源配置意愿，资源赋能机制能够创造资源配置条件，数据赋能机制能够提高资源配置效率，最终实现孵化器资源的优化配置。但鲜有学者对孵化器资源行动的成因及绩效结果进行深入探究。

综上可知，现有研究一方面未能关注硬科技孵化器内层网络的动态演化，另一方面未能关注硬科技孵化器如何利用内层网络帮助创业企业获取与利用资源进而实现成长。基于此，本章以启迪之星为案例分析对象，基于资源行动视角，依托内层网络情境，通过探析孵化内层网络发展促使硬科技孵化器开展相应资源行动进而提高创业企业资源获取与利用效率的理论机制，揭示硬科技孵化器资源行动在内层网络发展过程中的动态演化。

2.1.2 研究方法与案例选择

本章采用探索性单案例研究方法，原因如下：第一，本章旨在回答孵化内层网络"如何"促进硬科技创业企业成长，属于回答"如何"的问题范畴，且硬科技孵化器在内层网络发展过程中对创业企业成长影响的过程缺乏深入研究，案例研究能够帮助通过对实践中尚未探讨的现象进行深入挖掘，揭示现象背后的规律；第二，本章旨在系统探究在孵化内层网络发展过程中，平台如何通过开展相应的资源行动推动硬科技创业企业成长，单案例研究方法能够对孵化内层网络发展过程中的关键事件进行梳理，从而深入剖析孵化内层网络促进硬科技创业企业成长过程的内在机理。

本章遵循典型性和启发性原则，选择启迪之星为案例研究对象，原因如下。

第一，启迪之星是我国硬科技孵化服务行业的领军企业，始建于 2001 年，是科技部认定的首批国家级孵化器，现已拥有较为成熟的孵化模式和完备的孵化体系。启迪之星自成立以来专注于服务硬科技领域的创业企业，孵化出一大批如亿华通、华卓精科等硬科技企业。同时，启迪之星还致力于为硬科技创业企业提供早期投资，以缓解其发展困境。

第二，启迪之星自 2014 年开始布局全球孵化网络体系，现已建成覆盖 80 余个城市的 160 多个孵化基地的网络体系，运营面积达 40 万平方米，这一联系紧密的孵化载体能够为本章挖掘孵化内层网络促进硬科技创业企业成长的内在机理提供合适的研究情境。

第三，启迪之星孵化的硬科技企业成长的过程，与内层网络发展及孵化器资源行动选择紧密相关，探究启迪之星如何基于内层网络发展状况进行相应的资源行动选择，有助于我们剖析硬科技孵化器资源行动演进过程中创业企业成长的形成机理。

通过梳理案例资料，发现启迪之星孵化网络的发展历程经历了理念转变与网络初建→战略实施与网络扩张→优势凸显与网络形成三个阶段（如图2.1所示）。具体如下。

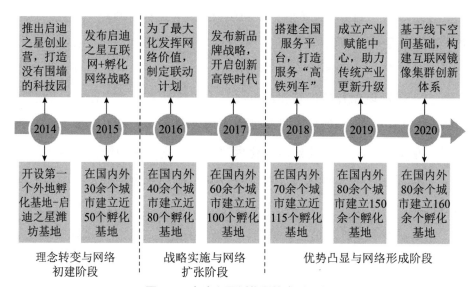

图 2.1　启迪之星孵化网络发展历程

第一，理念转变与网络初建阶段。由于单点做园区对企业的帮助相对有限，启迪之星开始调整到纯轻资产运营，通过推出创业营活动，以期打造没有围墙的清华科技园。2014年启迪之星设立第一个外地孵化基地——启迪之星潍坊基地，随后发布了互联网 + 孵化网络战略，并在国内外 30 余个城市建立近 50 个孵化基地。

第二，战略实施与网络扩张阶段。为了发挥网络的最大价值，启迪之星制定联动计划，以促进优势政策、产业、信息在网络内的共享，通过互动充分利用网络内的多样化资源。2017 年启迪之星发布新品牌战略，开启了创新高铁时代，以此提高网络内信息流、资源流、服务流的运转效率，使被孵企业不管在网络中的哪个结点，都能享受启迪之星孵化网络内的创新资源。

第三，优势凸显与网络形成阶段。在孵化网络规模不断扩展、网络质量不断提升的基础上，启迪之星进一步完善网络化发展模式，先后搭建了全国服务平台，成立产业赋能中心，并致力于打造互联网镜像集群创新体系，积极布局数字化创新生态发展战略，从而实现由线下实体孵化网络向线上虚拟 + 线下实体的生态孵化转型。

2.1.3　数据收集与分析

本章采用多渠道数据收集方法，主要有：第一，半结构化访谈。2019年 10 月至 2020 年 9 月先后六次到启迪之星总部、代表性孵化基地及被孵企业进行调研，围绕"启迪之星孵化网络发展历程及运行效果""启迪之星孵化模式及重点环节""启迪之星提高资源配置整合效率的主要行动"等问题，对启迪之星管理团队、基地负责人及被孵企业 CEO 等在内的 15余人进行了深度访谈；第二，现场观察。研究团队多次参加启迪之星举办的加速营、创业论坛、CEO 俱乐部等活动，通过现场走访了解启迪之星的孵化日常，熟悉孵化流程及主要赋能环节，考察启迪之星如何基于联动的孵化网络为被孵企业成长提供更为全面和完善的孵化服务；第三，二手资料。包括启迪之星总结报告、对被孵企业的调研资料、宣传资料等内部资料以及权威媒体报道、领导人在公开场合的演讲、学术论文和书籍等外部资料。资料收集的描述性统计如表 2.1 所示。

表 2.1 资料收集描述性统计

资料来源	资料信息统计		
	访 谈 对 象	访谈时长 / 分钟	文稿 / 万字
半结构化访谈	总经理（1）	60	0.9
	副总经理（2）	140	2.1
	创投总经理（1）	80	1.4
	创新孵化总监（1）	90	1.5
	企业发展部经理（2）	130	2.2
	CEO 俱乐部秘书长（1）	80	1.3
	基地执行经理（3）	180	3.2
	被孵企业 CEO（5）	300	4.8
现场观察	启迪之星创业营、加速营、创新发展论坛等活动 4 次，孵化基地走访 3 次		
二手资料	官方网站、年报（B1）；启迪之星总结报告、对被孵企业的调研资料、宣传资料等（B2）；媒体报道、公开网站资料等（B3）		

注：括号内数字代表访谈人数。

遵循开放式编码→主轴编码→选择性编码的程序，对案例资料进行归纳。首先，在开放式编码阶段，将案例资料通过贴标签的方式概念化，并将同一现象的概念进行归纳，从而在 216 个概念基础上形成 98 个初始范畴；其次，在主轴编码阶段，分析初始范畴之间的内在逻辑关系，通过二次编码将 98 个初始范畴归纳为 32 个副范畴并进一步整合为 8 个主范畴；最后，通过对 8 个主范畴性质与内涵的分析，进而提炼出 3 个核心范畴（如表 2.2 所示）。具体编码结果如图 2.2 所示。

表 2.2 数据编码及频次

核 心 范 畴	主 范 畴	副 范 畴
内层网络	网络发展	网络规模（18）、网络密度（14）、网络异质性（8）、网络效应（27）
	网络资源	融资支持（25）、研发资源（43）、市场渠道（45）、政策信息（32）
资源行动	资源构筑	全网搜索（12）、多方探寻（22）、主动对接（19）、精准匹配（25）
	资源编排	全球视野（8）、合理部署（32）、束集效应（11）、相互耦合（24）

续表

核心范畴	主范畴	副范畴
资源行动	资源协奏	调和配置（36）、物尽其用（21）、协同共生（18）、优势互补（39）
	资源重构	深化应用（23）、延伸价值（16）、突破路径（22）、拓展边界（26）
企业成长	创新绩效	开发新品（25）、专利申请（20）、技术突破（16）、技术转化（13）
	成长绩效	营收增加（15）、人员增长（18）、规模扩大（9）、订单增加（6）

注：括号内数字代表编码频次。

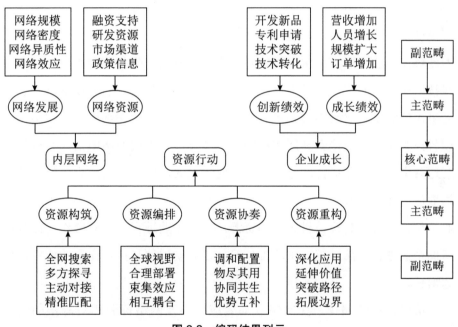

图 2.2　编码结果列示

● 2.2　孵化器资源行动与硬科技孵化企业成长

（1）网络初建阶段孵化器资源行动对硬科技孵化企业成长的影响

在孵化网络初建的理念转变阶段，由于单点孵化不能较好地满足企业不同发展阶段的异质性需求，启迪之星开始转变发展理念，通过发布互联网＋孵化网络战略，陆续在国内外 30 余个城市建立了近 50 个孵化基地。在此过程中，一方面孵化内层网络发展规模相对较小，结点布局相对有限，孵化网络发展水平较低，孵化网络联动发展效应不甚明显；另一方面孵化内层网络中汇聚的信息、知识、市场、财务资源也相对较少，从而使得资源种类、质量及异质性等方面均处于较低水平。因此，在孵化内层网络发展的初级阶段，启迪之星重点利用内层网络帮助硬科技创业企业获取发展所需资源。

第一，资源构筑。启迪之星通过开展资源构筑行为，为硬科技孵化企业提供资源共享途径，帮助其有效地搜寻成长过程中的必要资源，进而助力硬科技创业企业克服资源短缺对其生存与发展产生的不利影响。对于硬科技创业企业而言，获得多样化的优质资源，是其成长的重要基础。启迪之星构建孵化内层网络最初的目的就是资源链接，意在利用内层网络帮助硬科技孵化企业链接到其所需的资源。通过孵化内层网络中信息与资源的互通共享，启迪之星打破原有的资源对接模式，借助网络的力量翻倍或呈指数倍地满足被孵企业的需求。例如，启迪之星不仅帮助硬科技孵化企业对接包括政府、高校、科研机构资源，鼓励企业进行产学研合作，而且还帮助企业进行产品示范、试验推广等，以此实现硬科技孵化企业销售的快速增长。

第二，资源编排。在网络联动效应较小及网络资源相对有限的情境下，启迪之星立足孵化内层网络中不同地区的区位优势开展相应的资源编排行为，通过对内层网络资源进行优化部署，提高硬科技孵化企业资源的利用效率，以此助力其获得更高的创新绩效和成长绩效。由于内层网络中的各个基地的资源、政策等存在较大差异，启迪之星会考虑各基地所在城市的地方发展特色，以期发挥各基地的孵化专长。例如，启迪之星早期在海内外城市设立孵化基地，首先要考虑当地的资源禀赋，如在北京较多关注生物医药、智能硬件等硬科技领域，在乌鲁木齐则较多关注应急系统、反恐等硬科技领域，以此通过内层网络资源的优化配置，挖掘并发挥更大的网络价值。网络初建阶段孵化器资源行动对硬科技孵化企业成长的影响机理如图 2.3 所示。

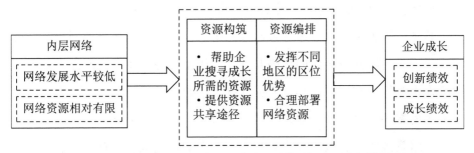

图 2.3　网络初建阶段孵化器资源行动对硬科技孵化企业成长的影响机理

（2）网络扩张阶段孵化器资源行动对硬科技孵化企业成长的影响

在孵化网络扩张的战略实施阶段，启迪之星进一步大力推进网络化发展战略，通过制定联动计划，开启了网络孵化的高铁时代。截至 2017 年底，启迪之星已建成百余个孵化基地，孵化网络遍及国内外 60 余个城市。在此过程中，一方面孵化内层网络规模和网络结点加速扩展，孵化网络发展水平持续提高，网络联动发展效应日渐显现；另一方面孵化内层网络中汇聚的信息、知识、市场、财务资源不断增加，从而使得资源质量和异质性等均有较大提升。因此，在孵化内层网络发展规模及质量不断改善的扩张阶段，硬科技孵化器开始重视网络资源的协调发展。

第一，资源构筑。通过启迪之星内层网络中各基地的积极响应，帮助硬科技孵化企业多方探寻优质资源。通过资源对接，网络中基地的联系也会更加紧密。例如，基地间更多是通过项目或资源对接保持紧密联系，在某一基地孵化的企业发展到一定程度之后，如果需要进行市场扩张或者有其他地方的落地需求，内层网络就可以帮助企业进行快速对接。

第二，资源编排。启迪之星通过在内层网络发展的过程中强化矩阵发展理念，以期推进网络资源在叠加与碰撞的过程中实现耦合发展。启迪之星会将能够与地方产业发展相结合的优势资源进行合理部署，例如临沂的特色产业是陶瓷，启迪之星就会将清华大学材料学院和环境学院的专家邀请至临沂分享与本地陶瓷、环境产业高度契合的技术成果，临沂基地孵化的硬科技企业如果觉得能够产生技术合作，就可以去对接。

第三，资源协奏。启迪之星通过利用日益完善的孵化内层网络，促进多样化、多层次的资源间的优势互补，从而使资源发挥自身的最大效用，进而在资源构筑和资源编排行为的基础上，通过开展资源协奏行为实现网络资源的有序集聚与合理流动，帮助硬科技创业企业提升自身资源价值，借助网络资源的聚合效应助力硬科技创业企业加速成长。在这一阶段，网络资源的整体配置与整合效率有了实质性的提高，孵化的网络效应也逐渐显现。例如，启迪之星内层网络中有一家硬科技创业企业是做激光雷达的，有一家硬科技创业企业是下游做无人叉车的，需要用到激光雷达，于是就形成了强互补关系，两家企业在内层网络的链接作用下形成了上下游产业链的紧密合作。

在孵化内层网络战略实施的扩张阶段，启迪之星在实现不同内容、结构、层次资源协调发展过程中，进一步提升了网络资源的整体价值效益。例如，启迪之星孵化的一家专注于环境治理的硬科技创业企业想研发降解材料，通过网络内部的探寻与推介，有一家专注于做纳米材料的企业想利用自身的技术，通过两者结合产生一个新的产品，最终两家企业在共同努力下研发出了一种环保可再生的除味剂，并使其在研发能力上均有了较大的提升。网络扩张阶段孵化器资源行动对硬科技孵化企业成长的影响机理如图2.4所示。

（3）网络形成阶段孵化器资源行动对硬科技孵化企业成长的影响

在孵化网络形成的优势凸显阶段，为了发挥孵化网络的极大优势，启迪之星致力于持续深化网络化发展战略，构建全国孵化服务平台，成立产业赋能中心。截至 2020 年底，启迪之星孵化网络已遍布国内外 80 余个城市，孵化基地达 160 余个。在此过程中，一方面在孵化内层网络规模和网络结点不断扩张的基础上，相对完善的多中心、多层次孵化网络已基本形成，网络效应愈发凸显，网络优势也不断增大；另一方面随着网络中聚集的信息、知识、市场、财务资源的大幅增长，网络资源的种类、质量及异质性也得到了实质性的提升。因此，在孵化网络优势凸显的形成阶段，启迪之星希望在帮助硬科技创业企业获取利用资源的基础上，挖掘更大的资源内在价值。

图 2.4　网络扩张阶段孵化器资源行动对硬科技孵化企业成长的影响机理

第一，资源构筑。启迪之星利用内层网络为硬科技创业企业提供精准的资源匹配服务，以此不断夯实企业的资源基础。在日常的走访活动中，各孵化基地的工作人员会得知被孵企业有哪些需求，如果满足不了，他们就会把这些需求发布在足迹系统中，其他基地看到这些信息，如果有合适的资源就会去对接。例如，当在孵企业遇到技术难题或者在某些技术上很难突破时，孵化基地的工作人员就会找网络中相应的、能匹配上的专家和老师为在孵企业提供科研帮助。

第二，资源编排。启迪之星内层网络为硬科技孵化企业提供了发展的全球视野，通过资源在网络中的优化部署，提高网络资源的配置效率。在这个网络中孵化的硬科技创业企业拥有全球化的视野，它们可以根据发展需求将资源从北京外流，或者从三四线城市逆流到北京，实现资源的有效互动和交流。例如，西安基地孵化的一家专注于水下机器人和无人船研发的硬科技企业想去青岛发展海洋产业，于是就通过启迪之星青岛基地在青岛成立了子公司，开展业务交流与合作。

第三，资源协奏。启迪之星内层网络能够为网络资源的优势互补提供基础条件，以此实现网络资源的协同共生。启迪之星孵化基地在资源禀赋和优势方面存在较大差异，一线城市孵化基地的优势资源可能是技术、市场与金融资源，二三线城市孵化基地的优势资源可能是物质与政策资源。例如，沧州基地与天津基地就形成了良好的协作关系，如果沧州基地的孵化企业想去天津发展，沧州基地的工作人员就会带企业去天津考察，一些天津的企业希望去河北沧州落厂房，天津基地的工作人员也会把它介绍给沧州的同事。

第四，资源重构。启迪之星通过搭建大型产业集团与硬科技创业企业的桥梁，打破了传统行业发展的壁垒，利用新兴的硬科技技术赋能传统企业更新升级，以此使硬科技创业企业资源得到合理延伸。启迪之星通过与行业头部企业共同举办加速营，将网络内同一产业链条内的企业聚集起来，为硬科技创业企业提供了进入大型企业生态的机会，以此不断拓展硬科技创业企业资源的开发边界。例如，硬科技孵化企业有很多技术和专利，大的产业公司可以从技术项目库中筛选相关企业做路演和对接，从而在收获新兴技术的同时实现自身的业务延伸与补充。

在孵化网络形成的优势凸显阶段，硬科技孵化器的资源行动主要有资源构筑、资源编排、资源协奏和资源重构。通过资源重构，硬科技创业企业不仅能够实现资源生命周期的延长，而且还能实现资源创新机会的有效挖掘。例如，在启迪之星孵化网络的纽带作用下，硬科技创业企业与大型公司如华为、AWS、BP等建立了业务联系，如果大公司看到硬科技创业企业产品的应用场景觉得很有意思，也会找它们合作，帮助大型企业做一些定制化的东西。网络形成阶段孵化器资源行动对硬科技孵化企业成长的影响机理如图2.5所示。

图 2.5 网络形成阶段孵化器资源行动对硬科技孵化企业成长的影响机理

◉ 2.3 硬科技孵化器资源行动演化机制

现有研究更多聚焦于创业企业自身的创业网络对其成长的影响 (Hite，2005；王国红等，2020)，但对于孵化内层网络对于硬科技创业企业成长的影响机理关注有限。本章则依托孵化内层网络情境，尝试探寻孵化内层网络促进硬科技创业企业成长的关键作用路径。本章发现，硬科技孵化器在内层网络发展的不同阶段能够采取合适的资源行动进而促进硬科技创业企业成长。具体如下。

在孵化网络初建的理念转变阶段，受限于孵化网络发展水平较低、网络资源相对有限，硬科技孵化器主要采取资源构筑和资源编排行为，旨在帮助硬科技创业企业获取多样化资源，完善企业资源基础，促进网络资源的合理部署，提高网络资源的耦合效率，以此促进硬科技创业企业加速成长。

在孵化网络扩张的战略实施阶段，随着孵化网络发展水平、网络资源种类及质量的大幅提升，硬科技孵化器在采取资源构筑与资源编排行为的基础上，愈发关注网络资源的优势互补与协调发展，通过采取资源协奏行为以实现硬科技创业企业资源的高效流动，提高网络资源的整合效率进而推动硬科技创业企业成长。

在孵化网络形成的优势凸显阶段，孵化网络发展更为完善、网络资源也更加异质且多元，硬科技孵化器在网络联动发展优势愈发凸显的情境下，在采取资源构筑、资源编排、资源协奏行为的基础上，开始重视硬科技资源内在价值的深度挖掘。通过采取资源重构行为延长资源的生命周期，提高资源的应用能力，进而助力硬科技创业企业成长。

通过上述分析可知，交织紧密的孵化内层网络是硬科技孵化器开展相应资源行动的前提，硬科技孵化器通过在内层网络中采取一系列资源行动对内层网络中的资源进行有效管理，从而不断夯实硬科技创业企业成长所需的资源基础，提高硬科技被孵企业资源的利用效率，进而驱动硬科技创业企业不断成长。现有研究主要探讨了创业企业资源行动对自身绩效的影响效果与作用路径（Symeonidou and Nicolaou，2017；黄昊等，2020），本章通过剖析硬科技孵化器在内层网络发展过程中不同阶段开展的关键资源行动，构建了"硬科技孵化器内层网络—资源行动—硬科技创业企业成长"理论模型。这有助于学界增进对孵化内层网络促进硬科技创业企业成长这一复杂过程的理论认识，从资源行动的视角拓展了硬科技孵化器对创业企业成长增值影响的作用机制研究。

通过案例资料分析可知，硬科技孵化器在内层网络发展过程的不同阶段采取的资源行动存在较大差异。纵观孵化内层网络促进硬科技创业企业成长的过程，发现内层网络发展状况与内层网络资源质量是硬科技孵化器资源行动选择的重要考量因素。在孵化内层网络广度不断拓展、深度不断加深以及内层网络资源质量的不断提升的背景下，启迪之星资源行动的主要目标由网络资源优化部署到网络资源协同共进再到网络资源有序重构，硬科技孵化器资源行动的主要特征也由对相对有限网络资源的配置组合到对不断丰裕网络资源的调配整合进而实现对多样异质网络资源的延伸拓展，最终使启迪之星资源行动在孵化内层网络发展过程中表现出"资源构筑→资源编排→资源协奏→资源重构"的动态升级（如图 2.6 所示）。

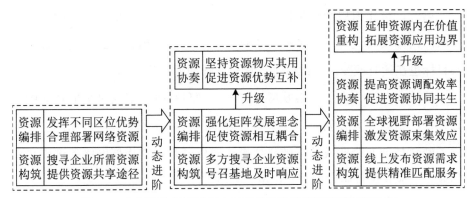

图 2.6　内层网络发展过程中硬科技孵化器资源行动演化升级

以往文献主要探讨了创业企业资源行动对于其能力提升的重要作用（Senyard et al.，2014；张璐等，2020），虽有部分学者提出企业资源行动应根据自身面临的内外部资源情境而不断变化（苏敬勤等，2017），但现有研究对于硬科技孵化器在内层网络发展过程中资源行动的演化过程仍缺乏足够关注。本章基于我国硬科技孵化服务行业领军企业——启迪之星孵化网络的发展历程，考察了硬科技孵化器在内层网络发展过程中资源行动的演化升级过程，这一方面扩展了硬科技孵化器资源行动的研究视角，明晰了硬科技孵化器资源行动的成因，丰富了资源管理理论，另一方面也有益于启发后续学者搭建更加完善的"孵化内层网络—创业绩效"理论框架，以此探析孵化内层网络赋能增值作用的独特性。

◉　2.4　研究小结与实践启示

本章以我国硬科技孵化服务行业中的头部企业——启迪之星为案例分析对象，以硬科技孵化器资源行动为研究视角，挖掘孵化内层网络促进硬科技创业企业成长的内在机理，剖析硬科技孵化器资源行动在内层网络发展过程中的演化过程。主要结论如下。

第一，孵化内层网络是硬科技孵化器资源行动选择的重要成因。在孵化内层网络发展过程中，硬科技孵化器资源行动的运行模式、侧重点及核心目标也在适时改变，以此促进自身资源行动的优化选择。

第二，在孵化内层网络发展过程中，硬科技孵化器通过采取合适的资源行动，帮助硬科技创业企业夯实资源基础、提高资源利用效率，进而促进了硬科技创业企业成长，硬科技孵化器资源行动在内层网络促进硬科技创业企业成长过程中发挥中介作用。

第三，硬科技孵化器的资源行动在内层网络发展过程中表现出"资源构筑→资源编排→资源协奏→资源重构"的动态升级。具体来说，在孵化网络初建的理念转变阶段，启迪之星通过开展资源构筑和资源编排行为，帮助硬科技创业企业改善资源基础、提高资源配置效率，进而促进硬科技创业企业成长；在孵化网络扩张的战略实施阶段，启迪之星在开展资源构筑和资源编排行为的基础上，通过开展资源协奏行为促进硬科技创业企业资源的优势互补与协调发展，进而助力硬科技创业企业成长；在孵化网络形成的优势凸显阶段，启迪之星在开展资源构筑、资源编排、资源协奏行为的基础上，通过开展资源重构行为推动硬科技创业企业资源应用场景的延伸及应用边界的拓展，进而驱动硬科技创业企业成长。

本章通过构建"孵化内层网络—硬科技孵化器资源行动—硬科技创业企业成长"的理论模型，能够为提升孵化内层网络运行效率、优化硬科技孵化器资源行动提供有益的实践启示，具体如下。

（1）硬科技孵化器层面

第一，硬科技孵化器不仅要坚持拓展孵化内层网络的布局范围，而且还要加强孵化内层网络之间联系的紧密程度，以此撬动孵化内层网络对于硬科技创业企业成长的更大赋能作用，充分利用孵化内层网络为硬科技创业企业成长提供的发展动能与先机。例如，硬科技孵化器一方面要注重在海内外市场拓展网络结点，另一方面更加注重网络结点之间业务交流与合作，这包括了国内与国外网络间的交互，长三角、珠三角、京津冀等城市群网络间的交互，以及省内多个孵化结点网络间的交互，从而促进资源的深度协作发展。

第二，硬科技孵化器要根据孵化内层网络发展状况，不断调整自身的资源行动，促使硬科技孵化器的资源行动与内层网络的发展状况相适配，进而驱动硬科技创业企业更快成长。例如，在网络化发展初期，由于孵化内层网络发展水平较低、网络资源有限的情境下，硬科技孵化器更多开展资源构筑与编排行为，帮助硬科技创业企业克服资源困境，提高网络资源的部署效率，而随着网络化战略的逐步实施与成效显著，硬科技孵化器才进一步将资源行动的重点调整至协同发展以及重构再造。

第三，硬科技孵化器在内层网络发展过程中要培育适当的网络能力，从而最大化激发硬科技孵化器资源行动在内层网络中效用。例如，在孵化内层网络构建初期，孵化内层网络质量和孵化内层网络资源发展均不理想，硬科技孵化器可以将运营发展重点放在提升内层网络搜寻和布局能力方面，而随着孵化内层网络发展和网络资源质量的改善，硬科技孵化器需要逐步培育自身的网络整合能力和网络拓展能力，以此帮助硬科技创业企业更好成长。

（2）硬科技被孵企业层面

第一，硬科技创业企业在内层网络发展过程中要学会借助硬科技孵化器的资源行动，在克服资源困境的基础上实现资源的合理利用与延伸。例如，在硬科技孵化器内层网络初建阶段，硬科技创业企业应充分利用孵化器的资源供给与部署作用获取网络中的多样化资源；在硬科技孵化器内层网络推进阶段，硬科技创业企业应充分利用孵化器的资源协作与整合作用促进自身资源得到合理利用；在硬科技孵化器内层网络形成阶段，硬科技创业企业应充分利用孵化器的资源重构作用实现企业资源内在价值的有效挖掘。

第二，硬科技创业企业在选择入驻的孵化器时，应结合自身的资源基础和发展目标在考虑孵化器内层网络发展水平和关键资源行动的基础上选择合适的硬科技孵化器。例如，当硬科技创业企业由于资源匮乏使得发展停滞不前时，可以优先选择网络发展战略处于初级阶段的硬科技孵化器，此时孵化器会更加重视利用内层网络为创业企业提供资源探寻与共享的途径，以此帮助硬科技创业企业有效克服由于资源种类少、资源质量低而导致的新生障碍。

第 3 章　硬科技孵化器工程化能力构建

对于硬科技创业企业而言，拥有高度复杂性和先进性的技术是其参与市场竞争的基础。然而，技术高度复杂也导致其生产过程比普通生产性企业面临着更高的难度和成本。由于新进入缺陷和小规模障碍，硬科技创业企业通常难以独立完成产品的工程化过程，这也意味着硬科技企业难以将产品推入市场，进而阻碍了企业的成长和发展。基于此，孵化器针对技术创业企业开展的工程化孵化服务将有效帮助被孵企业提升自身产品的开发速度、减少生产成本、改善产品性能，提升硬科技创业企业在市场上的竞争优势。也就是说，硬科技孵化器工程化能力的构建和发展至关重要。为了进一步深入理解硬科技创业企业的工程化孵化需求和孵化器的工程化孵化服务能力，本章选择典型的硬科技领域——智能制造领域作为研究情境，并以智能制造领域典型孵化器——洪泰智造作为案例研究对象，探究硬科技孵化企业的工程化需求、硬科技孵化器的工程化能力内涵以及硬科技孵化器工程化能力的构建机制，为完善硬科技孵化器工程化服务，促进硬科技创业企业成长提供理论依据与实践参考。

◉ 3.1　研究问题与方法

3.1.1　问题提出

尽管硬科技领域企业往往以复杂和先进的技术研发作为其核心竞争力基础，但是产品生产过程的顺利与否也是影响硬科技领域企业成功率的重要因素之一（张映锋等，2019）。例如硬科技八大代表性领域中涵盖行业较广、创业企业较多、生产活动活跃的智能制造领域，就具有技术高度复杂交叉、制造过程依赖工程经验等特点（路甬祥，2010；熊有伦，2013），其生产过程具有高度的复杂性，需要高昂的成本。也就是说，硬科技领域的创业企业相较于一般创业企业，需要关注技术和产品的工程化阶段。工程化阶段是指制造企业在完成产品技术研发后，经历设计优化、试产、量产、市场对接等活动，直到产品投入市场这一阶段。因此，为了进一步推动硬科技企业产品进入市场，比起一般的创业孵化器，硬科技创业孵化器在功能上需要具备工程化孵化服务等高度专业性的扶持，进而逐步帮助创业企业构建制造能力，解决在工程化过程中出现的难题。然而目前大多数孵化器，即便是一些专门的硬科技孵化器，并未提供技术创业企业的工程化孵化服务，其工程化孵化能力也并不能满足硬科技创业企业的工程化孵化需求（黄涛和李光，2005；殷群，2008；王丹和姜骞，2019）。因此，硬科技孵化器的工程化孵化能力应当受到业界以及学术界的充分重视。

孵化器作为一种特殊形式的企业，面对的客户是创业企业，因此，孵化器需要通过为创业企业提供相应的支持以形成自身核心能力，进而维持持续竞争优势。一般来讲，孵化器通过为创业企业提供物理空间、基础设施、创业融资等一系列服务（孔栋等，2019），提高创业成功率，培养成功企业和创业者（Bruneel et al.，2012），以孵化创业企业的方式推动所处领域的发展（翁莉和殷媛，2016）。而当前对于孵化器的研究一方面集中在分析其商业模式、绩效评估及影响因素，为孵化机制提供意见（王晓青等，2020；唐明凤等，2015；李振华等，2017）；另一方面是以被孵企业为研究对象，通过比较在孵与非在孵企业在创业过程中的差异，揭示孵化器的赋能作用（殷群和张娇，2010）。为了进一步发挥孵化器的作用，实现孵化器的持续发展，就应明晰孵化器的核心能力主要体现在哪些方面，以及如何构建和提升孵化器的核心能力。然而，目前对孵化器能力研究主要集中在孵化器的战略能力（Zedtwitz，2003）、服务能力（Vanderstraeten and Matthyssens，2012）、成长催化能力与服务增值能力等（霍国庆等，2012）、管理能力（Kim et al.，2020），较少结合核心能力视角去研究孵化器。

孵化器工程化孵化能力是孵化器重要的核心能力之一。核心能力是指企业持续竞争优势之源，其主要目标是以最大限度满足用户现实与潜在需求为最高准则，以高层团队为核心，依靠以知识工作者为主体的公司员工的共同参与，进行战略规划，再通过战略规划的实施、监测、反馈和调整，最终获得持续竞争优势（王毅等，2000；许可和徐二明，2002；黄群慧，2002）。孵化器构建核心能力将能够提高被孵企业的创业成功率，从而获取相应的利益，因此，孵化器的核心能力研究具备其重要性。而对于硬科技孵化器而言，其孵化的创业活动具有高投资、高风险、技术迭代快、潜在收益大等特征（Zhang and White，2016）。因此其孵化研究，除了关注创业企业的一般特征之外，还需关注硬科技技术和产业的具体特点，例如硬科技领域注重对于生产制造能力的构建（高歌，2017），被孵企业的技术往往具有很强的交叉性（路甬祥，2010；熊有伦，2013；周济，2015）。因此，对于硬科技创业企业而言，除面临资源约束（祝振铎和李新春，2016）、合法性缺失（俞园园和梅强，2014；厉杰等，2018；彭伟和金丹丹，2018）等新进入缺陷和小规模障碍带来的局限之外（Zhang and

White，2016），工程化环节中出现的各类问题也可能会是阻碍它们成长的重要因素。此前的研究也表明，技术研发和产品生产过程的顺利与否成为影响硬科技领域企业成功率的重要原因之一（张映锋等，2019）。综上所述，硬科技创业企业存在工程化发展需求，也就是说，若要使硬科技创业企业得到更好的发展，硬科技孵化器需要具备工程化的核心能力，而目前较少有研究关注硬科技孵化器工程化能力。

因此，无论是从实践发展角度还是理论发展角度出发，硬科技孵化器的工程化能力都亟待研究。对孵化器工程化能力进行研究，不仅有助于理解孵化器如何获得并维持持续竞争优势，也将对产品导向的企业孵化工作产生一定的启发意义。基于此，本研究从动态匹配视角出发，开展了工程化能力研究。作为权变理论的延伸和修正，动态匹配将企业看作开放式系统，强调了企业与环境之间的交互作用，回答了企业是如何更好地与市场环境进行主动匹配和共同演进的（Gebauer et al.，2010；Lawrence and Lorsch，1967；Jelinek and Burstein，1982）。权变理论将组织与环境的匹配作为重点关注，认为环境因素能够推动企业核心能力的构建与变革（Gebauer et al.，2010），主要通过两种方式：结构匹配和功能匹配（Zajac et al，2000）。结构匹配是指企业可以通过对网络位置、渠道布置、组织结构等显性资源进行结构性变化来获得关键性制约资源，使得企业匹配出与环境相适应的能力（Teece，2007）；功能匹配是指企业通过组织学习、价值链迁移等方式实现对隐性资源进行变革，进而从环境适应性的角度发展出相应的核心能力（Teece，2007）。

动态匹配视角能够帮助理解企业是如何参照环境进行解构、重置和跃迁，构建出与环境相匹配的核心能力的（Douma et al.，2000）。而对于孵化器而言，孵化器工程化能力能够实现对被孵企业工程化需求的满足，工程化能力的构建机制就是能力与需求之间的匹配机制。接下来，本章将详细介绍硬科技被孵企业的工程化需求，硬科技孵化器的工程化能力内涵，以及硬科技孵化器的工程化能力构建机制。

3.1.2　研究方法与案例选择

本章拟回答的核心研究问题是"硬科技创业孵化器如何构建自身工程化孵化能力？"。需注重回答"怎么样（how）"，因此探索性案例研究能够很好地发现背后的理论逻辑规律（黄江明等，2011）；另外，本研究涉及的研究现象新颖独特，相关研究较少，案例研究方法能够不依赖原有的文献或以往的经验证据（Eisenhardt and Graebner，2007），基于扎根理论对收集的案例材料进行分析，将得到有新意且可靠的理论结果。案例选择的依据如下。

第一，案例的典型性。洪泰智造是一家具有代表性的硬科技孵化器，配备实体孵化空间和线上孵化平台的"投资＋孵化"服务体系，已取得了非常瞩目的成绩，自 2011 年创办以来服务企业超过 3000 家，深度孵化企业 300 余家，先后获得了"2018 创新典范：创新服务平台""2020 江西科技创业孵化贡献奖"等荣誉，受到业内一致的认可，洪泰智造在广泛的孵化实践中取得了卓越的成绩。

第二，案例的启发性。洪泰智造是一家建立了孵化核心能力的孵化器，并且一直在探索智能制造领域的孵化能力建设问题，现已建立起以"智造工场""凌波系统"为代表的服务体系，形成了自己独特的孵化能力。

第三，资料的可得性。研究团队自 2016 年以来与洪泰智造有着紧密的合作关系，进行了多次实地参观和深度访谈，获取了丰富的一手和二手资料，这些都为开展深度的案例研究提供了便利。

3.1.3　数据来源与分析过程

本章通过半结构化访谈、现场观察、公司档案文件及宣传资料收集整理等方式进行了数据的收集。多样化的数据来源有利于保证数据的完整度与丰富度，也可以为研究者带来多样化的视角，不同来源的数据之间也可以形成三角验证，提高案例研究的信度和效度。为了获取全面准确的案例一手资料，研究团队对洪泰智造的北京技术服务总部、成都智造工场和南昌智造工场进行了多次参观和深度访谈。选择上述三个单位作为数据收集对象主要有以下考量。

第一，北京技术服务总部是洪泰智造的战略中心，负责结合行业现状、集团发展目标和现有资源对洪泰智造的整体战略布局进行规划，工程化能力的构建是以企业资源为主的，研究其构建过程要求研究者有更加全面的视角，此外，以技术服务团队为代表的许多具有通用性、能够线上整合的工程化资源也主要集中在北京总部。

第二，成都智造工场是目前洪泰智造中生产硬件设备最先进的基地，同时，成都拥有电子科技大学、四川大学等重要科研力量，在智能制造领域有良好的科研基础，地方政府非常支持智能制造为代表的技术产业的发展，当地智能制造领域的创业活动非常活跃。

第三，南昌智造工场是洪泰智造目前为止占地最大、配套设施最完备的实地空间，同时配备了洪泰智造的智造社区服务，能够为研究者提供洪泰智造工程化服务的全流程视角。

此外，洪泰智造的创始合伙人在访谈的过程中也确认上述三地基本覆盖了洪泰智造的孵化服务布局，能为研究团队获取丰富的一手材料提供较大的帮助。

基于此，研究团队在三个地区的洪泰智造进行了 19 人次三阶段的半结构化访谈。其中包含了洪泰智造的经营管理层、投资部门、孵化部门的专业工作人员，以及各个地区的被孵企业。

第一阶段：2020 年 4 月至 5 月，研究团队对洪泰智造的经营管理层和投资部门的部分人员进行了线上的半结构化访谈，对洪泰智造的整体情况、战略思路、发展历程等进行了初步了解。通过访谈发现，洪泰智造在对硬科技创业企业，尤其是智能制造创业企业进行孵化时着重关注自身工程化能力的培养，以此解决被孵企业在发展中的工程化问题，基于此细化了研究问题，将研究问题聚焦为"硬科技创业孵化器如何构建自身工程化孵化能力？"。

第二阶段：2020 年 7 月至 8 月，围绕第一阶段的研究主题，研究团队前往成都和南昌，对当地洪泰智造孵化工场的经营管理层、孵化部门和被孵化企业进行了实地的半结构化访谈，并参访了当地孵化器的硬件设施和孵化空间，从而对被孵企业工程化需求、孵化器的工程化能力和工程化能力构建机制等内容进行了更为深入的挖掘。

第三阶段：2021 年 3 月至 4 月，在基于前两轮访谈完成了初步的研究后，研究团队前往洪泰智造孵化器的北京技术服务总部进行参观访谈，并对成都和南昌工场参访过的工作人员进行了回访，核对研究结论中是否存在理解不当的地方，并进一步完善研究结论。

每次访谈中，均有两位研究人员在场，其中至少一位具备工程技术背景。在访谈过程中，研究人员进行现场记录，并在征得受访对象的同意后，进行访谈全程录音，访谈结束 24 小时内将录音整理成文字记录。有关访谈人员情况如表 3.1 所示。

表 3.1 访谈对象及核心内容

访谈对象	受访者职位及编号		核心访谈内容	访谈时长	文　稿
洪泰智造孵化器（I）	管理团队	创始合伙人（IA1）合伙人（IB1）智造工场总经理（IC1）	• 洪泰智造发展战略和竞争优势 • 洪泰智造核心业务和部门设置 • 智能制造行业特征、创业企业常见痛点 • 智造工场模式起源及现有服务规划 • 洪泰智造的未来发展规划	73 分钟	2.01 万字

续表

访谈对象	受访者职位及编号		核心访谈内容	访谈时长	文　稿
洪泰智造孵化器（I）	投资部门	投资经理（ID1）投资经理（ID2）投资经理（ID3）投资经理（ID4）	• 洪泰智造投资部门的工作内容 • 智能制造创业企业的特征和痛点 • 智能制造创业企业痛点的解决方法 • 洪泰智造的工程化服务形式及分工 • 洪泰智造与被孵企业的互动方式 • 洪泰智造具体案例的工程化服务情况	183 分钟	5.43 万字
	孵化部门	运营总监（IE1）智造经理（IF1）智造经理（IF2）项目经理（IG1）技术总监（IH1）凌波系统负责人（II1）	• 智造工场的业务内容和配备资源 • 智造工场对被孵企业的服务效果 • 智造工场为被孵企业解决问题具体案例 • 技术服务团队的业务内容和配备资源 • 技术服务团队对被孵企业的服务效果 • 智造工场为被孵企业解决问题具体案例 • 凌波系统的业务内容和服务效果	174 分钟	5.12 万字
洪泰智造被孵企业（E）		被孵企业（EA1）被孵企业（EA2）被孵企业（EA3）被孵企业（EA4）被孵企业（EA5）	• 企业在研发优化、试产与量产过程困难 • 企业在各个过程解决困难的方式 • 企业解决困难过程中洪泰智造的作用 • 企业使用了洪泰智造的哪些服务 • 企业对洪泰智造服务的评价和建议	134 分钟	4.32 万字
合计				565 分钟	16.88 万字

为确保访谈问题与访谈主题的一致性，研究团队采用了半结构化访谈的形式，针对不同访谈对象设计相应的访谈问题列表。同时，随着研究的不断推进来灵活调整访谈提纲，以在访谈过程中更加高效、准确地获取信息。二手资料来源则主要分为洪泰智造提供的内部资料与研究团队获取的外部信息两种。为确保外部信息的真实可信，研究团队先进行了广泛的信息检索，并与内部数据和访谈内容逐个对比，将趋同的部分用于三角验证，将相悖或无交叉的部分交由洪泰智造内部工作人员进行核对修正，确认无误后再加入案例数据库。

本章遵循扎根理论的案例研究方法，数据分析主要包含三个阶段。第一阶段，本章通过访谈建立外部研究者与洪泰智造内部工作人员之间的长期对话机制，逐步收集、补充原始数据。开始时尽量不对数据进行分类。随着研究的逐步推进，开始寻找诸多数据概念之间的相似性和差异性，以期提炼出能够用于构建简洁、清晰数据结构的数据量。第二阶段，立足于所采用的理论视角，不断思考现有的数据是否能够用于提炼出符合框架的模型，重点关注了现有文献中没有足够理论参考的新生概念并开始形成二阶数据，一旦掌握了一套可行的二阶数据以后，本章便将这一部分数据整合成一个完整的聚合维度。第三阶段，依照二阶数据的聚合维度进行最后的提炼，整理出三阶数据，并归纳出第三阶数据之间的逻辑关系，进而分析出研究问题的完整结构与框架。

◉ 3.2 硬科技孵化器工程化需求

在对智能制造被孵企业需求的数据进行编码和分析的过程中，本章通过归纳发现在为被孵企业提供工程化服务时，孵化器需要满足被孵企业在市场对接、资源支持、生产规划三个维度上的工程化需求。

（1）市场对接需求

市场对接是被孵企业工程化的开端，且对工程化过程有着重要影响，其中包含了客户定制对接和过程灵活对接。洪泰智造的被孵企业提到，对于智能制造创业企业而言，客户订单的获取和完成能够帮助企业缓解成本负担、产生利润、带来良好的口碑宣传。企业首先会从客户端接收定制化订单，并明确产品的定制化功能，然后结合客户定制功能，明确自身具备该产品的设计和生产能力后，才开始进行小批量生产方案的设计。但是，进一步分析数据后发现：第一，定制程度方面，在硬科技领域，客户定制程度往往较高，企业必须根据客户的使用情境优化产品设计和生产；第二，定制过程方面，创业企业在设计和生产过程中需要不断调整生产产品的元器件方案、设计方案和生产方案以匹配客户使用情境，因此在需要较长时间内进行灵活性调整和迭代反馈。也就是说，被孵企业需要在孵化器的帮助下进行市场对接，了解使用情境，确定产品参数，获取最终订单。

（2）资源支持需求

资源支持也是洪泰智造和被孵企业十分关注的需求，其中包含了资源成本控制和专业资源搜索。第一，资源成本方面，被孵企业访谈对象多次谈到，作为创业企业，在面对物料供应商与代工产线时，往往议价权小，也难以与稳定、优质和低价的对象实现合作，难以整合供应链。第二，专业资源方面，在具体的加工过程中，创业企业还需要专业性较高的人力资源。同时企业也受限于资金约束，难以支持生产线、检测设备等高投入的固定资产，而租用这些资源又需要辗转于不同的地域。也就是说，被孵企业需要孵化器提供资源支持，缓解企业资源约束，降低工程化成本，提高工程化速度。

（3）生产规划需求

本章发现被孵企业在生产规划方面也存在服务需求，其中包含了生产细节掌握和试错成本负担。第一，生产细节掌握方面，智能制造的被孵企业访谈对象常常提到，在工程化过程中需要综合考虑企业的可调度资源，以满足未来的订单和销售计划为目标，规划出不同生产时期的最佳产出率与存货水平，并以生产方案、设计优化方案等交付物形式在团队内进行知识传递和标准普及。然而智能制造创业企业在早期通常欠缺设计、生产等工程化经验，很难从全局观出发对工程化过程进行规划，团队内部也较难实现对工程化活动的支持和配合，加之企业还不足以分化出专门的工程化职能部门，难以跟研发和设计团队进行沟通和知识整合。第二，试错成本方面，对于智能制造企业来讲，单次试产通常需要付出较为昂贵的物料和生产线成本，也意味着带来了较高的试错成本。也就是说，被孵企业需要孵化器帮助进行生产规划，这能够缩短企业的生产周期，提高企业产品在市场上的竞争优势。

表 3.2　被孵企业工程化需求的证据事例

被孵企业工程化需求		证据事例（典型援引）
市场对接需求	客户定制对接	"像智能制造的很多产品，客户定制的程度非常高，通常需要团队准确的了解客户和市场的需求，才能设计出卖得出去的产品"
	过程灵活对接	"和我们这行的客户打交道，就意味着要做好随时改变产品设计和生产细节的准备，因为我们经常需要根据客户的使用情境来决定"
资源支持需求	资源成本控制	"创业者早期还是面临比较强资金约束的，议价权又很低，所以很需要在生产线、物料等资源上控制成本"
	专业资源搜索	"我们的资源专业性程度太高了，有时候是找不到资源的渠道，这个还是很影响我们的"
生产规划需求	生产细节掌握	"我们团队没有生产经验，所以就很不清楚接下来该怎么走……很难找到有人能把规划的细节都教给我们，我们需要去掌握细节"
	试错成本负担	"你看我们这种设备，一套几十万，一旦中间出了什么差池，就影响很大，我们不希望白花钱"

◉ 3.3　硬科技孵化器工程化能力内涵

通过分析案例数据中孵化器满足企业需求的一系列活动，本章发现孵化器应具备工程化能力，主要包括工程化感知能力、工程化利用能力和工程化再配置能力。

（1）工程化感知能力

工程化感知能力包含多源头数据获取、专业化分析和共性需求处理。第一，多源头数据获取体现在投资经理获取需求和项目经理获取需求等方面，例如，洪泰智造会从多个源头进行企业的工程化需求获取，投资经理在企业入驻前便会沟通并了解部分需求，项目经理则是在企业进入孵化器后全面、系统地获取被孵企业的需求，同时在各个工程化阶段均有专家随时与企业沟通需求。第二，专业化分析体现在技术专家对设计方案的评审、生产专家对生产方案的修改、生产专家实地指导生产活动等方面。例如，洪泰智造采用了专家评审咨询的方式来对企业的需求进行专业化分析，例如在北京的技术服务团队中就有技术总监和多位全职专家专门为全国各地的被孵企业提供技术评审和产品优化咨询。第三，共性需求处理体现在不同企业间存在类似需求和不同需求之间存在共性内容，洪泰智造会对需求进行归类并对共性需求进行批量回应。洪泰的智造经理提到，孵化器里的被孵企业差异都是比较大的，但是企业间的需求存在一定的共性，例如供应链、生产线、生产工人团队等，因此他们会将部分企业的需求进行合并处理，从而降低孵化成本。

综上，工程化感知能力是工程化能力的一种，意味着孵化器需要对被孵企业在工程化过程中所面临的问题进行准确、即时、深入感知的能力。尽管被孵企业均为硬科技领域的创业企业，但随着具体行业、发展阶段等的不同，被孵企业之间的需求存在较大的差异。此外，就算是同一家被孵企业的需求，也存在主次和大小的区分。在这种具备较高专业性的领域，孵化器需要具备较好的需求识别能力才能够保障孵化的精确度和效率。随着孵化器工程化需求识别能力的提升，就算企业面临市场对接困境，孵化器通过准确地获知被孵企业的发展痛点，也能"对症下药"来帮助企业实现成长。

（2）工程化利用能力

工程化利用能力包含了内外部资源获取和面向企业对接两方面，主要面向获取和配置资源。第一，内外部资源获取意味着孵化器需要具备较为丰富的工程化资源。例如，洪泰智造配备了非常具有竞争力的硬件设备，成都的生产线核心设备均为进口，属于业界稀有资源，同时南昌配备的生产设施能满足企业将近全部的测试和生产需求，同时价格会比市场价低20%。第二，面向企业对接是指要将获取的内外部资源进行性质和内容的分析，以开放的态度获取资源，并明确这些资源对应的企业需求和对接途径。例如，若被孵企业的生产需求高于产线负荷时，洪泰智造会以中介身份主动、积极地为被孵企业对接优惠稳定的外部合作工厂。

综上，孵化器需要具备工程化利用能力。因为，孵化器比起被孵企业，具有更多的行业资源、更好的品牌效应和特有的规模优势，随着工程化利用能力的提升，孵化器能够以合理的成本水平快速地调度资源实现优化配置，为被孵企业提供更加多元、低廉、稳定和便捷的资源服务，满足被孵企业的需求。

（3）工程化再配置能力

工程化再配置能力包含了潜在需求预测、欠缺资源摸索和共创性再配置。第一，潜在需求预测是指平台在满足了被孵企业的现有需求之后，便会判断企业之后的走向，进行企业的潜在需求预测。例如，洪泰智造在企业的每个工程化关键环节都设置一名专业的负责人来保障工程化顺利开展，期间负责人会及时、深入地了解企业的成长状态，并作为专业人士对企业下一步的需求进行判断。除此之外，洪泰智造的凌波系统作为项目管理工具，将新产品开发的环节进行了科学、详细的划分，能够帮助孵化器跟踪企业的发展进度，判断企业下一个步骤的可能需求。第二，欠缺资源摸索是指根据企业的潜在需求摸索现有的欠缺资源，确定资源获取的方向和时间规划，洪泰智造经理告诉研究团队，洪泰智造会考虑到被孵企业对专业生产团队的需求提前进行专业生产团队招募和培训。第三，共创行再配置，在进行工作规划时，还会将内外部资源，包括被孵企业的资源进行了整合规划，将产业联盟、大企业、政府活动等进行了整合规划，实现共创性再配置。

综上，孵化器需要具备工程化再配置能力。作为被孵企业成长支撑机构，孵化器只有在比被孵企业具有更全面、更灵活、更长远的再配置能力时，才能帮助被孵企业在之后应对制定生产规划的瓶颈时降低时间和经济成本、获得更多的竞争优势。

表 3.3　孵化器工程化能力的证据事例

孵化器工程化能力		证据事例（典型援引）
工程化感知能力	多源头数据获取	"我们有项目经理、投资经理、智造经理等，在不同的环节、不同的角度去收集企业的信息和需求"
	专业化分析	"对于工程化这个环节吧，我们很注重专业的分析，比如说，技术专家就关注技术和设计的优化需求，生产专家就关注生产过程的需求"
	共性需求处理	"我们通常能够将不同企业之间的共性需求合并感知和处理，比如说 A 企业需要的物料，因为 B 企业和 A 企业产品类似，所以我们会认为 B 企业也需要"
工程化利用能力	内外部资源获取	"洪泰自己的资源，包括测试设备、生产线等都非常的优质……也有很多的合作伙伴去获取外部的资源"
	面向企业对接	"光有资源不行，怎么给到企业，企业要怎么用，这其实是一件比较考验孵化团队能力的事情"
工程化再配置能力	潜在需求预测	"基本上我们会往后看企业需要什么，比如说企业现在生产比较顺利，我们可能就会想到他会需要更大的生产线"
	欠缺资源摸索	"如果我们发现他接下来需求的资源，是我们平台欠缺的，我们就会去购置，或者寻找合作伙伴"
	共创性再配置	"为了更加快速全面的应对企业的需求，我们会构建一些合作联盟，形成这种双赢的合作关系，就更方便我们重组自身资源结构"

◉ 3.4　硬科技孵化器工程化能力构建机制

智能制造孵化器为了促进被孵企业的成长，需要根据客户的需求来构建核心能力，从而获得市场的认可与企业持续竞争的优势。结合动态匹配的理论视角，本章发现智能制造孵化器需要具备工程化能力来匹配被孵企业工程化需求，其中，孵化器是通过工程化能力构建机制来形成工程化核心能力。

3.4.1　结构性构建机制

结构性构建机制主要包含了合作网络嵌入、模块化资源整合和组织结构变革，孵化器通过对显性资源进行结构性变化（Zajac et al.，2000；Teece，2007），进而获得关键性制约资源，形成与被孵企业需求匹配的能力。

第一，合作网络嵌入。孵化器会通过加入合作网络来探索并获取资源，洪泰智造会以大企业联盟、供应商联盟、生产线联盟、产学研合作网络、政府联盟等多种方式来构建合作关系。大企业联盟帮助孵化器为被孵企业提供了产品的应用场景，供应商联盟则是直接成了企业物料来源，生产线联盟是在孵化器无法承担企业日益扩大的产量时为其提供实惠优质的生产线，产学研合作网络能够帮助企业优化其产品技术和设计，而政府则可以为被孵企业提供合法性。以往研究也展示，合作网络嵌入是指孵化器基于过去的合作和联系，通过战略联盟等方式逐渐形成相对稳定的正式或非正式的合作关系（杨博旭等，2019）。网络嵌入能够为孵化器提供诸多重要的资源和社会资本。

第二，模块化资源整合。孵化器可以通过模块化资源整合实现资源的有效配置。通过物料模块、人力模块、硬件模块等资源模块化设计，孵化器提高了资源的配置速度，对企业的需求实现了更快的感知和回应。例如，洪泰智造设计了技术服务专家团和生产服务专家团实现了对人才的模块化处理，技术专家和生产专家分别在企业的产品优化环节和生产环节为之提供咨询和评审服务，基于他们的专业性和需求解决板块的明确性，被孵企业的需求能够得到更快的解决。再如，洪泰智造将物料模块资源整合为线上电商平台，这不仅使被孵企业寻找供应商更加便利，同时也可以引导更多新的物料资源方加入。资源能够转变成独特的能力，独特资源与能力是企业持久竞争优势的源泉（Terziovski，2010）。资源模块化整合不仅能帮助企业高效利用现有资源，还能为企业识别和开发潜在的资源提供基础。

第三，组织结构变革。孵化器可以通过组织结构变革来适应企业需求变化并加快运作效率。洪泰智造通过凌波系统开发工具，以线上结合线下的方式打破了部门之间和地域之间的组织边界，通过凌波系统任何部门均可以了解生产开发的流程和信息，同时孵化团队也可以及时了解企业情况，提高了企业内部信息传递的效率；同时，洪泰智造不同地域的孵化工场也可以通过凌波系统实现对复杂的技术生产信息的有效沟通，激发了员工创造力，能够快速、准确掌握企业需求并把握市场动态。再如，洪泰智造通过分权实现了自组织管理，生产部门、技术服务部门等工程化关键部门总监均拥有较大程度上的决策权、分配权和用人权，能够有效地实现在复杂企业需求前的动态回应，能够快速适应外界环境的变化。以往文献也提出，组织结构变革是指企业在技术革命和需求变化的双重驱动下，形成相对高效、灵活、极具适应性和创新性，并且具备较强自我修复能力的新型组织建设机制和员工管理机制（侯宇和胡蓓，2019）。组织结构变革通过适应外部环境变化能有效提升企业绩效（王喜刚，2016），同时组织结构变革可以协调其内部一致性，加快运作效率，保持企业组织机构的积极性，从而提升企业组织绩效（Eisenhardt and Brown，1998）。

3.4.2   功能性构建机制

功能性构建机制主要包含了管理者认知、知识共享和组织间学习，通过功能性构建机制，孵化器可以进行对隐性资源的变革，进而实现功能与环境的匹配（Zajac et al.，2000；Teece，2007）。

第一，管理者认知。孵化器管理者认知会影响工程化服务的竞争优势。管理者包含高层管理者和中层管理团队。通过分析洪泰智造中关于高层管理者和中层管理团队的数据，发现洪泰智造的创始合伙人拥有着多年的制造领域工作经验，对工程化环节的深度认知使其敏锐地意识到了被孵企业的需求重点，因此，他们将智能制造孵化重点集中在企业的工程化环节，并利用社会关系整合工程化资源，结合工程化特征设计了组织架构。而中层管理者在被赋予部分决策权后，凭借其工程化工作经验和被孵企业的沟通经验，能够感知更加细节的企业需求并提供具体的问题解决方案。管理者认知可被解构为环境感知与观察、问题解决与推理、社会认知与沟通三个维度。孵化器内存在着"管理者认知—组织能力—战略选择—组织绩效"的传导机制（Eggers and Kaplan，2013），因此管理者认知对孵化器形成工程化能力，提高孵化绩效至关重要。

第二，知识共享。孵化器可以通过知识共享能够加速工程化能力的形成速度。洪泰智造还利用凌波系统、平台微信群、跨部门会议等方式实现了孵化器内部门之间的工程化知识共享，利用吃糖会、专题讲座、被孵企业微信群、补贴易等方式实现了孵化器内被孵企业的工程化知识共享，利用凌波系统、项目沟通经理等方式实现了孵化器部门和被孵企业之间的工程化知识共享。知识共享是员工获取和提供关于产品和技术的信息、经验和知识的过程，作为最重要的与知识相关的活动，知识共享将影响其他知识活动，比如：知识整合和知识创造（Hansen，2002）。孵化器内的部门在工程化的不同阶段拥有各异的知识专长，推动部门、企业、个体三个层面间的交流与合作，鼓励共享彼此的专长知识，能够促进知识的快速消化和应用，有利于整合、创造新的工程化服务知识。

第三，组织间学习。孵化器可以通过组织间学习完善了内部成员对工程化能力的理解，并提升工程化决策效果。洪泰智造通过年度大会、跨地交流等方式加强了内部员工和联盟内其他外部机构的互动，还以参与研究课题的形式获得学术界的实践建议，这种方式帮助洪泰智造获取了外部的孵化知识和工程化信息，进而不断优化了孵化模式和流程。组织间学习是企业与其他组织为实现各自的战略目标，进行双边或多边的相互学习过程（Hartley and Allison，2010），孵化器能够通过组织间知识的共享和传播，可以快速获取合作伙伴的知识资源来强化自身的竞争力（张红兵，2013），服务数目更多、行业更丰富、成长阶段更多元的被孵企业。

表 3.4　孵化器工程化能力构建机制的证据事例

孵化器工程化能力构建机制		证据事例（典型援引）
结构性构建机制	合作网络嵌入	"我们会和产业端、科研机构等都形成联盟合作关系，尤其是要加入到整个产业网络中……我们会更容易获取生产线资源、物料资源等等"
	模块化资源整合	"洪泰在很早开始，就以这种模块化的方式提供服务……模块化的资源就成了模块化的服务包，这个效率就高很多"
	组织结构变革	"我们的各个部门其实都有比较大的发挥空间，其次的话，我们会通过各个方式鼓励不同部门、不同地区之间的互动"
功能性构建机制	管理者认知	"我们乔总本身就是制造领域出身，对智能制造企业有着充分的理解，他非常了解我们应该如何去构建竞争力……部门的负责人们也都有着充分的技术和制造经验"
	知识共享	"洪泰内部非常鼓励大家进行沟通，尤其是面对面、实地考察等方式的沟通，我们需要员工、企业都意识到我们在做什么，以及为什么这么做"
	组织间学习	"对于和外界的交流，我们一直是开放心态，非常鼓励员工参与和业务相关的交流，这能够帮助我们不断完善服务"

◉ 3.5　研究小结与实践启示

本章从动态匹配视角出发，采用案例研究的方法，挖掘了智能制造领域创业企业的孵化需求，归纳了该领域孵化器所需要具备的工程化核心能力，提出了孵化器根据企业需求来利用动态匹配的方式构建企业核心能力的机制。结论如下。

第一，硬科技孵化器面临着来自被孵企业市场对接、资源支持、生产规划三个维度上的工程化需求。这种工程化需求成了刺激洪泰智造发展出工程化能力的外部环境。

第二，硬科技孵化器通过工程化能力，包含了感知能力，利用能力和再配置能力来实现与企业需求的匹配，对企业需求进行快速、准确的回应。

第三，硬科技孵化器构建工程化核心能力的机制主要包括结构性构建机制和功能性构建机制。其中结构性构建机制包括合作网络嵌入、模块化资源整合和组织结构变革，功能性构建机制包括管理者认知、知识共享和组织间学习。该构建机制通过对被孵企业需求的动态匹配，完成了洪泰智造工程化核心能力的构建。

本章对被孵企业工程化需求、孵化器工程化孵化能力及其构建机制的研究，能够对智能制造创业孵化工作提供相应的实践参考，具体如下。

（1）硬科技孵化器层面

第一，硬科技孵化器应积极进行组织内外部的资源获取和整合。对外硬科技孵化器应积极加入合作联盟、构建合作关系来拓宽自身的合作网络，并且优化当前合作网络中的合作者和合作关系强度，合作网络将能够为孵化器带来更加广阔的工程化资源，进而可以提升工程化能力。对内硬科技孵化器还需要根据内部资源的性质和内容对资源进行模块化的资源整合，尤其在工程化硬件设施资源和工程化专业人才板块，模块化的整合将有效提升服务的效率，在模块化资源的整合和使用过程中逐渐形成孵化器的工程化核心能力。

第二，硬科技孵化器应充分重视组织内部结构和人力资源培养。一方面，硬科技创业企业面临着多变的技术和市场环境，因此，硬科技孵化器也应该保持着灵活的心态开展组织结构的变革，通过合理且及时的组织结构变革，孵化器才能够实现更加符合工程化或产品生产要求的组织运营效果。另一方面，硬科技孵化器需要重视对高层管理者的选择以及对中层管理团队的选拔，工程化过程中管理者对工程化相关的环节、细节、技术、资源、人力等的理解将直接影响到工程化的实现效果，因此孵化器也需要加强管理者的考核和培训。

第三，硬科技孵化器应充分重视和促进内外部交流。一方面，工程化各个环节存在着较为异质的知识内容，例如研发优化和试产环节的人员可能完全是不同的背景和风格，因此，硬科技孵化器需要积极促进组织内部的信息共享和互动交流，促进孵化经验和知识的流动，才能实现工程化不同环节间的有效连通。另一方面，硬科技孵化器应保持开放心态，积极和其他孵化器、产业相关企业、其他行业企业进行沟通和交流，在此过程中吸收关于工程化中技术、设备、人才等内容的理解，深化对孵化工作的认识，完善对孵化机制的设计。

（2）硬科技被孵企业层面

第一，硬科技创业企业在决定工程化方案前应充分重视工程化市场对接内容，需在了解客户应用场景需求和生产反馈需求的基础上开展工程化过程。若创业企业本身不具备了解市场的能力，应及时与孵化器进行沟通，申请一线工作人员帮助其梳理市场需求，摸索使用情境，在确定市场需求和产品生产参数的基础上再开展工程化，以此保障工程化过程的准确性，降低工程化失败率。

第二，硬科技创业企业在开展工程化过程前，应摸清所在孵化器拥有的工程化物料供应资源和代工产线资源，尽可能采用孵化器本身拥有的工程化资源，缩短搜索资源的时间，降低购入资源的价格。此外，对于孵化器不具备的外部资源，企业还可利用孵化器的平台优势，邀请孵化器工作人员共同参与资源合作会议，提高自身和资源方合作时的议价权，降低工程化成本。

第三，硬科技被孵企业在开展工程化过程中，应确保有专业的生产规划人员来制定企业生产方案和设计优化方案，并组织团队开展知识传递和标准普及活动。若团队缺乏该类专业人员，可在孵化器中的工程化职能部门帮助下制定生产规划，降低工程化活动试错成本，进一步缩短工程化周期。

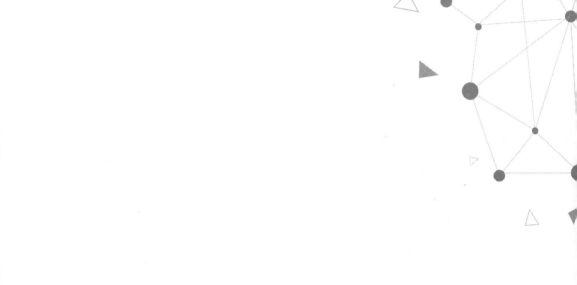

第 4 章　硬科技孵化器被孵企业组合管理

过去孵化实践主要关注的是孵化器如何为被孵企业提供直接或间接资源供给。这使得孵化机制相关研究聚焦于孵化器与被孵企业间的互动（Van Weele et al.，2019；Eveleens et al.，2017），却忽视了孵化器内部的被孵企业本身也具备有利用价值的资源。在良好的孵化机制下，被孵企业间可以形成有效交互，使互补、冗余或异质性资源在被孵企业间共享，进而提升创业企业各自的价值链活动（Neghina et al.，2013）。孵化器可以通过促进和保障被孵企业间的交互，推动被孵企业共同成长。事实上，这体现了投资组合管理的思想（Pidun et al.，2011），即将孵化器内部被孵企业群体作为投资组合，并充分利用组合中各被孵企业的关联，实现组合整体收益最大化。不过，当前很多孵化器在进行孵化管理时仍采用传统"一对一"的模式，而不注重被孵企业间的交互，使其被孵企业组合管理并未有效开展。因此，本章将从投资组合管理的视角出发，以当前最具代表性的硬科技孵化器——中科创星及其被孵企业为案例研究对象，深入分析硬科技被孵企业价值链活动的主要特征和孵化器内部被孵企业间的交互过程，进而探索一套促进和保障孵化器管理组合内紧密交互的硬科技创业孵化机制。

◉ 4.1　研究问题与方法

4.1.1　问题提出

许多研究对影响孵化器孵化效率的因素进行了探讨，包括孵化器的基础设施、培训活动、运营模式、特色增值服务、对被孵企业的控制力等内部因素（唐明凤等，2015；胡海青等，2017），以及社会网络、税收优惠、政府财政投入等外部因素（程郁和崔静静，2016；李振华等，2019；Van Rijnsoever，2020）。

现有研究虽然较好地构建起孵化器理论体系，但在用于硬科技创业孵化时却面临一些困难。一方面，创业企业的研发越密集、先进技术成果支撑性越强，其成长过程中的资源需求越大、需求异质性越强（Zhang and White，2016；Brown and Mason，2014），孵化器仅靠自身资源和能力难以满足硬科技被孵企业的需求（张力等，2012）。虽然有学者指出，孵化器可将政府、风险资本、相关领域企业、第三方服务机构等外部组织连接起来构建孵化器网络，扩展被孵企业资源获取来源（Amezcua et al.，2013；M'Chirgui, et al.，2015），但网络嵌入同时也会带来关系维系成本上升、嵌入惰性变强、关联方机会主义行为风险增加等问题（李德辉等，2017；杨震宁等，2013）。这些负面效应对于异质性知识需求大、产品技术保密性强的硬科技创业企业将更加突出，甚至阻碍其成长。另一方面，虽然一些研究指出，入驻孵化器能帮助创业企业缓解新生劣势带来的资源约束和合法性缺失（董静和余婕，2020；Shih and Aaboen，2019；Messeghem et al.，2014），但硬科技本身具有的高技术门槛、高投入等特征与创业企业身份间形成的冲突，使硬科技创业企业在市场开拓中面临比一般创业企业更强的合法性障碍。因此，除自身和外部网络外，孵化器还需发掘其他资源途径为硬科技创业企业提供有效孵化支持。

进一步分析可以发现，已有关于孵化机制的研究主要关注的是孵化器如何为被孵企业提供直接或间接资源供给。这使得孵化机制相关研究聚焦于孵化器与被孵企业间的互动（Van Weele et al.，2019；Eveleens et al.，2017），却忽视了孵化器内部的被孵企业本身也具备有利用价值的资源。每一家硬科技创业企业都有自己独特的资源和能力，其中有些甚至是孵化器不具备的。若科技孵化器能够激发被孵硬科技创业企业间的交互，将有助于突破自身资源和能力限制，拓展硬科技创业企业获取成长所需关键资源的途径。相对于传统"一对一"的孵化模式，这其实是一种更有效的投资组合管理（Pidun et al.，2011），即将孵化器内部被孵企业群体作为投资组合，并充分利用组合中各被孵企业的关联，实现组合整体收益最大化。已有研究表明，组合投资具有明显优于单一投资的绩效（Knill，2009）。组合中的资源共享，有助于实现规模经济和范围经济，增加组合价值（Vassolo et al.，2004）。

为此，本章将结合硬科技创业企业特点，从投资组合管理的视角，探索硬科技创业孵化机制，以帮助孵化器通过有效的组合管理促进和保障其内部不同被孵企业间的交互，从而整合和借助被孵企业资源，提高孵化器对硬科技创业企业的孵化深度。

4.1.2　研究方法与案例选择

本章要回答的核心问题是"孵化器如何促进和保障被孵硬科技创业企业间的价值共创"，这属于"怎么样"的问题。案例研究在解答这类问题上具有明显的优势（Yin，2002）。此外，硬科技创业孵化和被孵企业间价值共创，均属于实践中的新现象和新问题，因此通过对典型孵化器和被孵硬科技创业企业进行探索性案例分析，有助于挖掘现象背后的理论逻辑和规律（Eisenhardt and Graebner，2007），进而形成对其他孵化器和硬科技创业企业有启发的研究结论（Siggelkow，2007）。

我们选择中科创星作为研究对象，原因如下：第一，中科创星是非常有代表性的硬科技孵化器。中科创星是由中科院西光所 2013 年联合社会资本发起创办的一家专注于硬科技的国家级孵化器，目前已围绕人工智能、生物技术、信息技术、航空航天、光电芯片、新材料、新能源、智能制造这八大硬科技领域展开了孵化，且其管理的被孵企业组合取得了非常瞩目的成绩。截至 2020 年 6 月，中科创星已投资孵化的企业近 320 家，累计投资额超过 29 亿元，被孵企业总市值 500 多亿元。2015 年，习近平总书记在视察中科院西光所时讲到"我反复强调的创新驱动发展有了依据"，对中科创星的硬科技孵化给予了高度评价。2020 年 11 月，《麻省理工科技评论》发布的有望引领全球颠覆性创新的"50 家聪明公司"榜单中有三家中科创星投资的硬科技创业企业。第二，中科创星内部被孵企业间的价值共创非常活跃，已形成了多样的交流和合作模式，以及较为成熟的价值共创保障机制，这提供了适合的研究情境。第三，研究团队与中科创星有紧密的合作关系，持续三年对其进行跟踪式研究，获得了非常丰富的一手和二手案例资料。

4.1.3　数据来源与分析过程

本章使用的案例资料有：一手资料，包括半结构化访谈、调查问卷、参与式观察收集到的材料等；二手资料，包括中科创星及其被孵企业的相关档案资料，如对外宣传资料、内部培训资料、组织架构和规章制度等，以及案例对象提供或认可的媒体报道等材料。通过采用多层次、多数据源的收集方法，案例资料之间形成相互印证和补充，可提高案例研究的信度和效度（Yin，2002）。

　　本章最重要的资料来源是半结构化访谈。研究团队从 2018 年 7 月开始对中科创星及被孵企业相关人员进行了三轮共计 16 人次的深度访谈，每人次平均访谈时间约为 70 分钟。每次访谈均对访谈内容进行记录和录音，并在访谈结束后及时整理，形成了 27.74 万字的文字记录。访谈核心内容与人员情况如表 1 所示。

表 4.1　访谈核心内容与人员情况

访谈对象	受访者职位及编号		访 谈 内 容	访谈时长
孵化器（I）	中科创星高管团队	创始合伙人 / 联席 CEO（IA）	• 中科创星发展历程、战略定位和竞争优势 • 中科创星的投资孵化理念和策略 • 中科创星的未来发展规划	242 分钟
		合伙人（IB）	• 中科创星部门和业务板块划分 • 中科创星的被孵企业组合管理	208 分钟
		董事总经理 / 基金执行事务合伙人（IC）	• 中科创星天使投资的理念和策略 • 中科创星被孵企业的投后管理	104 分钟
		战略部总经理（ID）	• 国内外孵化产业现状和发展趋势 • 中科创星为促进和保障被孵企业间交流和合作，在资源、人力和战略方面的部署	117 分钟
	中科创星投资部	董事总经理（IE） 军工方向投资总监（IF1） 激光方向投资总监（IF2） 光电芯片方向投资总监（IF3） 大数据方向投资总监（IF4） 人工智能方向投资总监（IF5）	• 硬科技孵化的特点和困难 • 投后管理为被孵企业提供的服务 • 被孵企业间典型的交流、合作模式和案例 • 被孵企业间的交流和合作对被孵企业带来的影响 • 被孵企业间进行交流和合作时遇到的主要问题 • 促进和保障被孵企业间交流、合作的措施和效果	326 分钟

访谈对象	受访者职位及编号		访谈内容	访谈时长
孵化器（I）	中科创星孵化部	经理（IG）	• 硬科技孵化的特点和困难 • 孵化部为被孵企业提供的服务 • 与投资部投后管理的区别和配合 • 被孵企业间典型的交流、合作模式和案例 • 促进和保障被孵企业间交流、合作的措施和效果	30 分钟
被孵企业（E）	光电芯片领域被孵企业 CEO（EA1） 军工领域被孵企业 CEO（EA2） 激光检测领域被孵企业 CEO（EA3）		• 企业发展过程中各阶段的特点、困难和需求 • 中科创星满足需求的方式和效果 • 与其他被孵企业交流、合作的典型案例，以及相应的动机、模式和带来的影响 • 中科创星对促进和保障被孵企业间交流、合作的措施和效果	93 分钟
合计				1120 分钟

　　在 2018 年 7 至 8 月的第一轮访谈中，研究团队主要以开放式问题向中科创星被孵企业广泛询问其入驻孵化器后的收获。经访谈发现，很多被孵企业都提到了与中科创星其他被孵企业间的交流与合作，并认为从中收益颇多。对此，研究团队结合文献梳理，初步将该现象作为研究问题。研究团队在 2019 年 7 月至 9 月对中科创星核心高管团队成员进行了访谈，以了解中科创星总体情况、投资孵化理念和策略、部门和业务板块划分、被孵企业交流和合作机制等，并请其帮助对接适合的参与投资孵化人员作为之后的访谈对象。除此之外，在 2019 年 10 月中科创星举办的硬科技大会期间，研究团队向与会被孵企业发放的调查问卷，其中设置了被孵企业与其他被孵企业交流、合作有关的题项，用以了解被孵企业间价值共创的形式、程度和动机等。基于前期资料，研究团队在 2020 年 3 月至 6 月开展了

第三轮访谈：鉴于投资团队在被孵企业交流和合作工作中起到了极其重要的作用，首先对中科创星投资部董事总经理以及分属于军工、激光、光电芯片、人工智能等硬科技领域的投资总监进行了访谈，旨在了解硬科技创业企业关键价值链活动、被孵企业间典型价值共创模式和案例，以及中科创星促进和保障被孵企业间价值共创的措施等。访谈对象在中科创星工作长达 3~7 年，其中数人自中科创星创立时便在，因此对中科创星情况十分了解。所有访谈对象以第一负责人身份独立操作 6 个以上投资孵化项目，完整参与项目十余个，因此非常熟悉中科创星被孵企业情况，且掌握一些中科创星被孵企业间价值共创的典型案例。之后紧密围绕研究目标，对从投资经理获得的典型内部价值共创案例做了进一步筛选，确定了三家分属于光电芯片、军工和激光检测领域的代表性被孵企业，并对其 CEO 进行访谈。访谈从被孵企业视角揭示了硬科技创业企业的关键价值链活动及其参与内部价值共创的细节，与来自中科创星视角的资料形成相互印证和补充。在形成初步构念框架后，研究团队再次对相关人员进行了回访，以确认和完善核心构念和观点。

在收集到各类信息资料后，研究团队采用扎根理论对所搜集的资料进行编码，并形成了一个如图 1 所示的由一阶编码、二阶编码和总类属组成的数据结构，以进行螺旋式理论抽象，自下而上构建理论。具体编码与分析过程如下。

第一，对原始材料进行开放式编码，即在没有既定编码表的情况下，对受访者语言进行精炼，形成一阶编码，并通过多次比较，将其归类。之后将归类后的一阶编码抽象为概念化的二阶编码。例如，研究团队将访谈材料中"缺乏机会证明产品优势""客户认可之前需长时间磨合、测试"等表述精炼为一阶编码"需解决合法性困境"，将"初始客户认可向市场传递了积极信号，吸引相关领域客户"等表述精炼为一阶编码"需依靠合法性信号"，之后把这些一阶编码归并和抽象为二阶编码"合法性获取"。

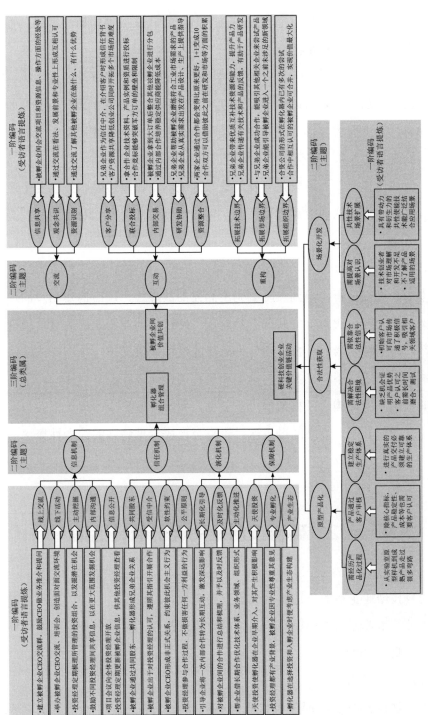

图 4.1 编码结果展示

为确保开放式编码的数据可靠性，由两名研究团队成员进行独立编码，直至资料中不再涌现新的维度为止。

第二，基于"条件—行动／互动—结果"的逻辑范式进行轴心式编码，即结合已有文献对二阶编码的内涵和性质进行分析，并整合具有相似性的二阶编码，提炼属类，形成了"硬科技创业企业关键价值链活动""被孵企业间价值共创"和"孵化器组合管理"3个三阶编码。例如，"原型产品化""合法性获取""场景化开发"等二阶编码是在阐述硬科技创业企业在成长过程中遇到的痛点和重要环节，可归纳为"硬科技创业企业的关键价值链活动"。

第三，结合原始资料，用选择式编码方式，对三阶编码之间的关系和基本逻辑进行分析，得到三阶编码所涵盖的故事线，进而构建初步的理论框架："被孵企业间价值共创"赋能于"硬科技创业企业的关键价值链活动"，而"孵化器的组合管理"为此赋能过程提供支撑。在选择式编码过程中，研究团队不断在数据、框架和现有理论间进行反复对比，在不同来源的数据间验证构念及框架的可重复性，并辨析所形成的理论框架与现有理论之间的异同，最终通过多次讨论直至形成意见趋同的综合性概念与模型。

◉ 4.2　硬科技创业关键价值链活动

硬科技创业企业的价值链活动有其特殊性，除研发、采购、生产、市场营销外，本章还识别出原型产品化、合法性获取、场景化开发三项硬科技创业企业关键价值链活动。

（1）原型产品化

硬科技通常具有高原创性、高壁垒的特点，且大多起源于实验室环境。这样的特点虽然有助于创业者构建技术领先性的产品，但单纯的技术领先性并不一定就能带来丰厚的企业利润。因此，硬科技创业企业早期阶段的大量工作都是围绕原型产品化开展的。事实上，预测任何技术从原型转化成商业化产品所需要的时间、资本和努力都是困难的。一方面，除了技术领先性外，转换成本、使用成本、产品稳定性、供应稳定性均是重要的考量因素。硬科技产品要被初始客户接受，甚至对已有产品形成替代，需在多维度进行打磨。这也是硬科技企业早期研发的重点方向。另一方面，硬科技创业企业由于资源约束，很难独立完成其产品的全部生产过程。大多数硬科技创业企业会选择自己生产核心组件，同时采购非核心组件进行集成。虽然组装完成少量原型机并不是难事，但当产品需要面向真实客户进行交付时，硬科技创业企业必须建立一套可靠的生产体系。不过，非自产组件往往不以设想的形式存在。

（2）合法性获取

硬科技通常涉及有较高门槛、亟待突破的技术瓶颈，且依靠长期持续的研发投入才有机会形成突破性成果。因此传统观念认为，硬科技主要由高校、科研院所、大型企业推动。这些单位所拥有的知识基础和研发能力是实现硬科技突破的关键保障。创业企业由于新进入缺陷和小规模障碍，本来就会面临合法性缺失的问题。而硬科技创业企业所具有的硬科技特征与其创业企业身份之间会形成更大矛盾，可能造成其更严重的合法性问题。因此，对于硬科技创业企业而言，提升自身合法性尤为重要且艰难。

（3）场景化开发

硬科技是具有带动力和衍生力的共性使能技术，能广泛结合应用场景，进而引领很多产业的发展和变革。因此，为了最大化硬科技的价值，硬科技创业者需要为硬科技产品找到恰当的应用场景，并努力将业务扩展至更多场景。不过，硬科技创业者之前大多服务于高校、科研院所或企业研发部门，其经历主要在与技术打交道，对市场的理解和开发能力较弱，难以满足硬科技场景化开发的需要。

◉ 4.3　硬科技被孵企业间价值共创活动

在投资组合管理的理念下，中科创星发掘和利用各被孵企业间的关联，引导被孵企业通过彼此间的价值共创赋能各自的价值链活动，而孵化器也能从中获得收益。中科创星被孵企业间存在交流、互动和重构三个价值共创环节。

（1）交流环节

交流环节是价值共创的前提。中科创星内部不同被孵企业可就彼此拥有的产品、市场和运营等信息展开交流，从而影响各自的价值链活动。

在原型产品化方面，被孵企业通过交流能够获得有关客户需求、技术方案优化和优质供应链资源等信息，并基于这些信息开展原型产品化相关工作。在合法性获取方面，被孵企业通过交流能获得有关企业和产品资质认定、政府研发资助、加入行业协会等有助于提升企业合法性的信息。在场景化开发方面，被孵企业通过交流能获得有关产品应用场景、潜在客户、市场开拓策略等信息，从而促进其应用场景的形成与拓展。

除此之外，观念共识是后续互动环节的基础。两家被孵企业在交流中可以形成相近的价值观和愿景，即观念共识。同时，被孵企业之间通过交流，也能对彼此拥有的资源进行分析，进而基于自身资源禀赋识别出潜在可用的互补资源，以便进一步探索实质性合作的可能性。

（2）互动环节

中科创星的被孵企业基于在交流环节达成的观念共识和识别出的互补

资源开展互动，在研发、生产、市场、服务等方面进行合作，从而促进彼此关键价值链活动。

在原型产品化方面，硬科技创业企业往往缺少可以进行产品试验的真实客户环境，使其产品不得不经历较为漫长的市场论证与调整，甚至最后也不能获得客户青睐。互动中的协助研发模式能使兄弟企业作为硬科技创业企业的初始客户，协助其在产品先进性、经济性、稳定性等多方面进行反复打磨。此外，硬科技创业企业在构建生产体系时，以内部交易模式互动的兄弟企业也能提供相对稳定、优质的组件供应。例如，中科创星投了一家激光设备公司和一家激光器公司，激光设备公司是激光器公司的下游。激光设备公司处于快速成长期，而激光器公司当时初创。中科创星撮合激光设备公司采购激光器公司的产品。激光器公司便跟着激光设备公司研发符合工业市场需求的产品。激光设备公司会告诉激光器公司自己需要的产品参数，如多少功率、什么波段、多少重频，以及 7×24 小时持续发光等要求。这里面也涉及了核心器件选择、透镜摆放、反射次数等大量工程经验的东西。激光器公司就在激光设备公司里面进行研发，把试制的激光器直接在激光设备上运行，有什么问题就去改。激光设备公司也帮忙调试。最近两年激光器公司的产品已经做得不错了，激光设备公司就对其进行批量采购。

在合法性获取方面，兄弟企业间可进行客户分享。由于兄弟企业的信任中介作用，硬科技创业企业能降低与客户接触时面临的合法性障碍。此外，若两家被孵企业进行内部交易，兄弟企业作为初始客户使用产品，能为初创企业提供一个宝贵的证明自身实力、增加合法性的机会。例如，一家中科创星被孵企业的业务领域是战场电子环境，主要面向军方。但因为军队各方面的壁垒挺高，对公司有很多限制，因此公司早期更多精力放在资质的办理上。之后在中科创星主导下，这家公司和中科创星孵化的另一家长年做对抗装备的公司开展合作，并一起去竞标军方项目，降低了其拓展军用业务的阻碍。

　　在场景化开发方面，兄弟企业的客户分享带来更多潜在客户，进而使硬科技产品能应用于更多场景。此外，由于硬科技创业企业往往只在少数领域拥有较强的产品和研发实力，其作为集成商投标大型项目时面临能力不足的问题。若被孵企业进行联合投标，参与方均能扩大各自产品的应用场景，并且有机会参与更大型的项目。例如，国内有一家激光领域的龙头企业，希望能找一家供应商同时为其提供视觉实时定位建模（VSLAM）和光纤显示方案，这样就不用找多个供应商，面临相互配合的问题。中科创星曾投资过一个做VSLAM模组的公司和一家做光纤显示模组的公司，于是引导做VSLAM模组的公司按照那家光纤显示公司的产品配置解决方案，并最后拿到龙头企业的大单。拿单后两家被孵企业各自完成各自的部分。

　　（3）重构环节

　　根据前面的分析，交流和互动可以赋能硬科技创业企业的现有价值链活动，从而增加其当期利润产出。而价值共创更深远的影响在于重构环节。中科创星的被孵企业通过长期交互中的资源整合会扩展彼此的技术、市场和组织边界，进而实现价值链重构，增加未来利润产出。

　　在原型产品化方面。通过长期价值共创，当兄弟企业能提供稳定、优质的组件供应时，硬科技创业企业可将其整合进自身产品和技术体系，从而有能力去获取更大型、更复杂的项目订单。此外，兄弟企业在长期价值共创中也会对硬科技创业企业形成知识溢出，有助于其研发出更成熟的产品。例如，中科创星孵化的一家做飞秒级别激光玻璃切割企业，在完成玻璃切割后需要进行检测，因此就使用了中科创星孵化的另一家企业的检测模块，并使用这家企业的技术资料、产品实例和资质去投标，最后进入了比亚迪的供应商名录。

　　在合法性获取方面，当硬科技创业企业与兄弟企业成功进行价值共创，能向外释放一个信号，从而吸引相关领域其他企业尝试产品。例如，中科创星投过一家做语音唤醒芯片的公司，需要集成传感器芯片。最初日本 TDK 公司找来，非常热切地希望能供应自己的传感器芯片。语音唤醒芯片公司也已经要用 TDK 公司的产品了。中科创星正好投了另一家刚成立的国产传感器芯片公司，就把这家公司也介绍给了语音唤醒芯片公司。不过因为国内原来没有特别优秀的传感器芯片厂家，所以语音唤醒芯片公司第一时间没有接受国产传感器芯片公司，因为在他们看来国内传感器芯片都不靠谱。但中科创星又做了很多工作推动两家被孵企业合作。语音唤醒芯片公司试了两批国产传感器芯片公司的产品，效果超出意外。经过一段时间的磨合后，语音唤醒芯片公司的标准设计方案已经完全采用国产传感器芯片公司的产品，并得到了整体解决方案性价比的显著提升。此后有二十几家相关领域的客户找到国产传感器芯片公司，想要开展业务合作。此外，若被孵企业成立合资公司或进行并购重组，形成的新组织在资源、能力或规模方面具有优势，相较于单个被孵企业将面临更低的合法性障碍。例如，中科创星投资过一家做口腔数字化的企业和一家做 3D 打印的企业，这两家公司在中科创星的推动下成立了合资公司，并共同开发了一套口腔扫描设备。口腔扫描设备让口腔数字化公司多了一种数据采集渠道，而 3D 打印公司则可借助扫描数据生产正畸牙套。

通过长期价值共创，兄弟企业能导入一个硬科技创业者之前可能都没意识到的新应用场景，从而使创业企业开辟一个新的业务领域。此外，被孵企业通过合资或并购重组形成的新组织也可以借助单个被孵企业之前在场景化开发方面的努力，将所拥有的硬科技产品扩展到更丰富的应用场景。例如，中科创星投资的一家做传感器的公司，一开始只瞄准玻璃盖板检测业务，但其技术还可以用在很多其他场景，但没有资源开拓。对此，中科创星将这家公司介绍给了投资的另一家有钢材检测需求的公司。这两家企业合作后，传感器公司也逐渐将其业务扩展到了钢材检测领域，与更多钢材厂商合作。

◉ 4.4　硬科技孵化器被孵企业组合管理机制

以往研究指出，联盟、专业知识、表达和经验、认可、社区以及报酬等是价值共创的参与动机（Palma et al.，2019），而保密担忧、知识产权溢出、信息过载、生产的不可行性则会阻碍价值共创（Hoyer et al.，2010）。另外，价值取向、利益因素、信任因素、制度安排、内部及环境驱动因素等也会塑造参与者的价值共创行为（王发明和朱美娟，2018）。据此，信息、信任、长期关系是影响价值共创的重要因素。本章发现，孵化器可以通过信息、信任和演化三种组合管理机制促进被孵企业间的价值共创。

（1）信息机制

共享信息是价值创造过程中学习和合作的基础，促进了价值共创参与方共同心智模式的发展，产生共同愿景，有助于实现价值共创目标（Senge，1990）。对此，中科创星在进行被孵企业组合管理时构建了信息机制来促进和保障这种信息共享，具体包括以下五项内容。

第一，线上交流。在孵化器主导下建立被孵企业 CEO 日常交流群，鼓励 CEO 在群中进行自己企业、业务需求的推介，或就当前经济、行业、企业发展所面临的问题做自由交流。第二，线下活动。定期举办被孵企业 CEO 交流会、培训会，为 CEO 间面对面深入交流创造环境。第三，主动挖掘。具有相关技术和产业经验的投资经理定期梳理自己管理的被孵企业组合，发掘被孵企业间潜在的交互机会，并联系相应被孵企业进行交流。第四，内部沟通。鼓励不同投资经理间，包括所属不同行业组投资经理间的紧密交流，进而在更大范围内发掘被孵企业间可能存在的交互机会。第五，信息公开。每个被孵项目的会议均向非相关投资经理开放，从而增进投资经理对孵化器内部各类项目的了解。此外，投资经理需填写并定期更新被孵企业信息。该信息可被其他投资经理看到。

（2）信任机制

虽然互补资源是互动的基础，但保障被孵企业间互动的关键是信任。为了促进孵化器内部被孵企业间的互动，中科创星在进行被孵企业组合管理时构建了信任机制，具体包括以下四项内容。

第一，共同股东。中科创星是所有被孵企业共同的天使投资人。被孵企业通过股权关系与中科创星形成紧密联系，进而与其他被孵企业形成兄弟企业关系。因此，被孵企业在共同股东中科创星的引导下更容易实现互动。第二，受信中介。中科创星的投资经理在被孵企业成长过程中起到举足轻重的作用。出于对投资经理的信任，被孵企业会认可投资经理的判断，并遵照其引导积极与其他兄弟企业进行互补资源分享，开展互动活动。第三，软性约束。所有被孵企业的 CEO 会在一个由中科创星主导建立的交流群，并且也会在培训、交流会进行面对面交流。紧密的联系提高了被孵企业之间的信任，同时所形成的非正式关系对被孵企业也是一种约束，能在一定程度上降低互动参与方可能出现的机会主义行为。第四，公平原则。投资经理除了牵线搭桥，也会在互动过程中紧密参与、协调，在公平原则下保障互动的顺利进行，不做损害任何一方利益的行为。

（3）演化机制

过去研究发现，企业在经营过程中会拥有多个业务合作伙伴，也会接触到与自己在企业文化、经营理念等方面相似的其他组织，但是在没有外部力量推动的情况下，不同企业间较难形成长期合作局面（Saebi and Foss，2015）。因此，在信息和信任机制的基础上，孵化器在进行被孵企业组合管理时构建了演化机制，以此对被孵企业进行长期价值共创引导，帮助被孵企业从单次合作转为更长期的价值共创关系，具体包括以下三项内容。

第一，长期化引导。持续的交互才能对被孵企业形成有效的价值链重构。因此中科创星会积极引导被孵企业将一次内部合作转化为长期价值共创行为。第二，及时化反馈。中科创星的投资经理会对被孵企业间的交互进行总结和梳理，并给予及时反馈。这有助于硬科技创业企业在交互中持续学习并获益。第三，主动化推进。投资经理基于自身专业性和对企业情况的认知，帮助中科创星在孵的硬科技创业企业在更深层次上借助长期交互活动调整技术、市场和组织边界，以实现价值链重构。

（4）保障机制

信息、信任和演化机制得以发挥作用得益于孵化器构建的"天使投资＋专业孵化＋产业生态"的基础保障，而天使投资、专业孵化、产业生态同时也是影响被孵企业间价值共创赋能机制效果的重要因素。下面做具体分析。

第一，天使投资。天使投资使中科创星能在被孵企业早期便介入其成长过程，这让中科创星与被孵企业有紧密互动并对其产生积极影响。企业会与中科创星建立深厚的信任，从而在中科创星引导下与其他兄弟企业进行价值共创。

第二，专业孵化。中科创星是中科院西光所发起设立的孵化器，因此有较深的技术积累，同时投资经理也均为相关领域有技术研发或产业经历的人员。与普通财务投资者不同，中科创星能对创业企业进行紧密跟踪和贴心服务，特别是提供专业的产品和市场建议。当被孵企业感知到来自孵化器的专业性时，其将更有可能听从孵化器建议实施价值共创，并对孵化器推荐的价值共创对象产生信任。

第三，产业生态。中科创星在选择投资和入孵企业时便考虑了孵化器内部产业生态的构建。业务领域的相关性使被孵企业间存在大量的价值共创机会。例如，中科创星在激光器行业投资了做外延片、做芯片、做激光器封装的企业，也投资了下游各种各样的激光加工设备商，使得激光器整个产业链条都有中科创星的被孵企业。这些被孵企业之间的合作会比较自然就形成。又例如，中科创星围绕商业航天，投资了制作卫星、做卫星监控、做微型载客通信设备、做地面卫星通信接收设备、做火箭发动机的企业，而建立起一个产业生态后，更多相关企业也会希望进入这个生态中。

◉ 4.5　研究小结与实践启示

本章以一家典型的硬科技孵化器及其被孵企业作为案例，从价值共创的视角出发，针对硬科技创业企业的价值链活动特征和孵化器内部被孵硬科技创业企业间的价值共创进行了研究，进而探索了基于价值共创的硬科技创业孵化机制，主要有以下结论。

第一，硬科技创业企业更强调原型产品化、合法性获取、场景化开发三项关键价值链活动。当被孵企业间实现价值共创时，硬科技创业企业的价值链活动会进一步加上价值共创的交流、互动和重构环节，增加原型产品化、合法性获取、场景化开发这些价值链活动的价值产出，进而帮助企业获得更高的利润。

第二，相较于传统不考察被孵企业间关联的孵化机制，孵化器促进和保障被孵企业间的价值共创体现了重要的孵化组合管理。孵化器收益取决于被孵企业群体所形成组合的总体增值状况。因此，孵化器充分利用各被孵企业间的价值共创，有助于实现组合整体收益最大化。

第三，孵化器通过构建"天使投资＋专业孵化＋产业生态"的基础保障和信息、信任、演化三种组合管理机制，促进和保障被孵企业间的价值共创。

本章对硬科技孵化器内部价值共创活动及机制的研究，能够为硬科技孵化器提升孵育能力提供一定的实践启示，具体如下。

第一，孵化器应改变思路，告别传统"一对一"的孵化模式，开展有效的被孵企业组合管理，通过搭建被孵企业之间交流和合作的平台，推动整个被孵企业群体的成长。为了促进和保障被孵企业间高质量的交流和合作，孵化器可以借助线上交流群、线下培训会等多种方式为被孵企业 CEO 创造良好交流环境，并凭借自身专业背景广泛发掘被孵企业间可能存在的合作机会。孵化器还应明确被孵企业组合中各企业的诉求和优劣势，帮助合作双方形成恰当的合作模式，同时引导已达成的实质性合作进一步发展为长期合作关系。

第二，孵化器应注重天使投资与专业孵化相结合的模式，坚持内部产业生态的构建。孵化器可为每一个被孵企业配备具有相关技术和产业经验的人员（最好是参与被孵企业天使轮融资的投资经理）对其进行全程跟踪并提供专业服务，与被孵企业建立深厚信任关系。

第三，虽然硬科技的门槛高、保密需求强，但硬科技创业企业也不应闭门造车，而应积极与其他企业进行交流和合作。这不仅能帮助硬科技创业企业跨越技术原型与市场化产品之间的鸿沟、获得创立初期关键的合法性和业务来源，对其重构企业能力也意义重大。同属一个孵化器的兄弟企业，是硬科技创业企业交流和合作十分恰当的对象。孵化器所发挥的信息中介、信任中介等作用能促成、保障被孵企业间的交流和合作。

第四，鉴于硬科技创业企业是科技创新的重要载体和薄弱环节，促进其健康成长对深化国家创新驱动战略有重大意义。对此，国家应该建立针对硬科技孵化器的评估、筛选和扶持机制，特别是鼓励更多像中科院西光所这样的科研机构结合自身技术背景创立面向特色产业的专业孵化器。这样做不仅有助于强化孵化器对产学研合作的推动作用、提高科研机构的科技成果转化效率，同时也能使孵化器借助背靠的科研机构研发资源和能力真正做到精准孵化，为硬科技创业企业成长提供更多实质性、有针对性的支持。

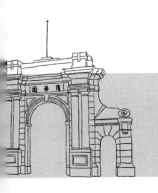

第 5 章　硬科技孵化器知识共享治理

硬科技创业企业均为知识密集型企业，对这类企业而言，知识是组织创造和保持可持续竞争优势的重要异质性资源，对其发展具有重要意义。但同时，硬科技创业企业知识高难度和高复杂性导致企业之间知识共享难度大，难以通过知识共享实现企业知识的获取、能力的提升和利润的创造。因此，在硬科技创业孵化领域，进行有效的知识治理，能够解决创业企业所面临的资源有限、组织合法性缺失、技术与市场不确定性等问题，以及孵化器所面临的"供血"能力不足、孵化成功率难以提升等问题。也就是说，在技术孵化过程中，孵化器能通过促进和保障被孵企业间的知识共享活动为被孵企业提供引导、监督、修正等服务，从而提升孵化成功率与孵化效率，激励被孵企业群体产生更多的内部合作，增加创业生态系统的活跃度和稳定性。对此，本章从知识基础理论出发，探究基于知识共享的硬科技孵化器治理机制。

◉ 5.1 研究问题与方法

5.1.1 问题提出

以往关于创业孵化的研究主要基于资源角度（李赋薇等，2020；李振华等，2019）、核心能力角度（Kim et al.，2020）、社会网络角度（王凤彬等，2019）、信息技术角度等（刘刚等，2021），少有学者从知识治理的角度探讨创业孵化。在知识经济时代背景下，知识作为组织创造和保持可持续竞争优势的异质化资源，对企业发展具有重要意义。其中，知识治理被认为能够通过总体治理架构和组织运行机制的系统安排，最大化知识创造、转移和共享的净收益，为企业知识管理实践的现实问题提供一个新的解决思路（Borzillo，2017；Liu et al.，2017）。不同于信息，知识是对信息经过主观处理后的认知结果，因此，依靠信息技术进行信息传递与管理的机制难以对知识产生显著作用效果。同时，在孵化领域，不同于一般的知识共享发生在企业内部的员工之间，被孵企业的新产品、新技术、新设备和新样品往往刚刚得以运用，被孵企业也尚未构建出一定的竞争优势，很容易被同领域竞争者通过简单仿制、逆向工程等手段挤占市场（李拓宇等，2020），"搭便车"、技术模仿、剽窃侵权等机会主义行为的时有发生也使得被孵企业本身对知识共享存在一定的戒备心理（乔新生，2017）。这些情况导致知识共享对象的寻觅、共享绩效的分配等工作均存在挑战。由此可见，创业孵化领域是共享过程、共享对象都存在一定特殊性的研究情景。然而，少有学者将被孵企业作为一个知识团簇，研究孵化器对被孵企业间的知识治理行为，并从知识治理的角度提炼出相应的针对技术企业的创业孵化机制。

此外，对于知识治理，现有研究涵盖了决策的授权（Osterloh and Frey，2000）、治理结构的选择、薪酬体系的设立（Beugelsdijk，2008）、综合绩效的搭配（赵中华和孟凡臣，2019）、人际网络关系的管理（Dyer and Hatch，2004）、领导方式等（Abhishek et al.，2006）。但上述研究存在两方面的局限性，一是单独选择微观或宏观的某一层面开展研究，治理体系与机制缺乏综合性；二是没有充分考虑认知层面的问题，默认有关知识的认知是同质化的。总的来说，知识是企业获取持续竞争优势的重要资源，基于知识治理的孵化机制有助于改善孵化效果，提升孵化成功率，但被孵企业间的知识治理有其特殊的一面，有必要着重进行探讨和研究。

基于此，本章选择硬科技领域中智能制造这一典型领域作为研究情境，智能制造孵化器——洪泰智造作为研究对象。首先，智能制造作为智能技术与制造技术深度融合与集成的新型生产方式，属于知识高度聚集、快速流通的技术领域，知识共享在一些产业集群与孵化器中发生的频次很高。其次，洪泰智造作为中国智能制造领域最为成功的孵化器之一，内部企业之间形成了良好的生态，知识共享活动频繁、有序且系统化，能为知识共享治理机制的探索提供良好的研究环境。基于此，研究团队通过案例研究的方式，探索归纳了创业孵化领域的知识治理机制。研究发现，知识共享主体的意愿在共享的不同阶段受到不同程度、不同方式的影响，良好的知识治理机制包括辅助匹配治理机制、行为优化治理机制和绩效分配公平化治理机制，孵化器通过为共享双方解决共享对象缺失、共享成本较高以及共享绩效分配不均等问题而促进被孵企业间的知识共享，从而取得良好的孵化效果。本研究丰富了创业孵化领域的相关研究，针对知识共享治理机制的见解也充分探索了被孵企业间知识区别于一般资源的特点，有助于推动知识基础理论的进一步完善、发展。此外，本研究工作也对创业孵化实践具有参考价值。

5.1.2 研究方法与案例选择

鉴于本章的研究问题为知识共享的治理机制，所以研究情境需要满足两个条件：在该研究情景中知识活动本身比较密集，以及可能发生共享的主体间有一个有动机且有能力进行治理的主体。因此，本章认为智能制造创业领域能较好地满足上述要求，原因如下。

第一，智能制造作为一种由信息技术、智能技术与制造技术深度融合而形成的新型生产方式，具有技术高度复杂交叉、制造过程繁杂难表等特点，这使得该领域内的知识非常密集，加之工程化过程对经验依赖程度非常高，这些特点意味着知识共享活动易于发生，好的治理行为能够产生重要价值。

第二，在创业领域，孵化器往往通过投资、提供孵化条件、入股等方式与被孵企业产生密切联系，孵化器也掌握着很多被孵企业所需要的软硬件资源。因此，孵化器往往有能力对被孵企业产生一定影响，这种影响的施加方式兼具正式与非正式的形式，另一方面，孵化器作为一家企业，通过孵化被孵企业的方式获得利润，这也使得孵化器本身具有很强的动机对被孵企业之间的知识共享活动进行治理。

综上，智能制造创业领域为新理论见解的涌现提供了一种极端且适宜的研究情景。进一步，研究团队将洪泰智造作为研究对象。作为深耕于智能制造领域的孵化器，该研究对象除具有上述研究优势外，还具有如下特点。

第一，案例的契合性。洪泰智造及其孵化的企业均聚焦于智能制造领域，属于交叉性与复杂性都相对较高的技术聚集地，孵化器、被孵企业之间及他们各自内部的互动频繁且深入。知识数量密集、知识种类丰富、知识活动频繁这三个特点的同时出现，使得孵化器设计高效的知识治理机制具有必要性，这种必要性能进一步保证研究团队在案例中观察到足够多的知识治理活动。

第二，案例的典型性。洪泰智造是一家具有代表性的智能制造孵化器，配备实体孵化空间和线上孵化平台的"投资＋孵化"服务体系，自 2011 年创办以来服务企业超过 3000 家，深度孵化企业 300 余家。洪泰智造非常注重通过各方式促进被孵企业之间的合作，强调开放式创新和内部竞合，在前期预调研的过程中，知识共享活动也较为普遍。

第三，案例的启发性。洪泰智造在孵化过程中进行了很多知识治理层面的创新，形成了一套相对完善的知识治理机制，这套实践体系也取得了良好的效果，洪泰智造因此获得了"2019中国硬科技行业最佳投资机构Top10""2020科技创业导师贡献奖"等荣誉，优异的治理实践效果往往具有更佳的理论启发性和实践拓展性。

第四，材料的可得性。研究团队自2016年以来与洪泰智造有着紧密的合作关系，进行了多次实地参观和深度访谈，获取了丰富的一手和二手资料，这些都为案例研究的深入开展提供了便利。

5.1.3　数据来源与分析过程

研究团队的数据收集主要包含一手数据与二手数据两个方面，其中一手资料为主要分析材料。本章的一手数据主要来源于对案例研究对象进行的实地考察与访谈，访谈对象如表5.1所示，主要包含以下两部分。

表 5.1　访谈对象及核心内容

访谈对象		受访者职位及编号	核心访谈内容	访谈时长	文稿
洪泰智造孵化器（I）	高管团队	孵化器创始合伙人（IA1） 孵化器合伙人（IB1） 孵化器副总裁（IC1） 孵化器公司区域负责人（ID1）	• 洪泰智造整体发展战略 • 对于知识共享价值、难点的认识 • 知识治理机制的整体思路 • 知识治理机制的具体行为与关键活动	125分钟	3.96万字

访谈对象		受访者职位及编号	核心访谈内容	访谈时长	文　稿
洪泰智造孵化器（I）	中层管理者与一线员工	孵化器投资经理（IE1） 孵化器投资经理（IE2） 孵化器运营总监（IF1） 孵化器智造经理（IG1） 孵化器智造经理（IG2） 孵化器项目经理（IH1） 孵化器技术总监（II1） 孵化器凌波系统负责（IJ1）	• 各部门的主要工作内容 • 智能制造被孵企业孵化的特征、痛点与关键 • 智能制造领域被孵企业所拥有和所需要的知识类型与特性 • 智能制造领域被孵企业孵化工作的思路与具体措施 • 孵化器具体的知识治理孵化措施 • 促进被孵企业间知识共享过程中所遇到的障碍 • 知识治理机制的效果 • 对被孵企业知识共享意愿的认知与看法 • 孵化器知识治理机制对被孵企业共享意愿的影响 • 智造工场内被孵企业知识共享的具体案例	273分钟	9.31万字
洪泰智造被孵企业（E）	高管团队	被孵企业高层管理者（EA1） 被孵企业高层管理者（EA2） 被孵企业高层管理者（EA3） 被孵企业高层管理者（EA4） 被孵企业高层管理者（EA5） 被孵企业高层管理者（EA6）	• 智能制造领域的特点、被孵企业主要面临的困难及对知识的需求等 • 被孵企业间进行知识共享活动的主要过程与步骤 • 在知识共享活动中遇到的障碍 • 知识共享的意愿及其影响因素 • 孵化器知识治理机制的具体措施及影 • 孵化器知识治理孵化救治的效果	156分钟	4.92万字

续表

访谈对象	受访者职位及编号		核心访谈内容	访谈时长	文稿
洪泰智造被孵企业（E）	中层管理者与一线员工	被孵企业中层管理者（EB1）被孵企业中层管理者（EB2）被孵企业一线员工（EC1）被孵企业一线员工（EC2）被孵企业一线员工（EC3）	• 在产品设计、试产及量产等过程中面临的困难、所需要的知识 • 知识共享活动的具体过程 • 知识共享活动中的阻碍及其与共享意愿之间的关系 • 孵化器知识治理机制对知识共享活动的影响与对共享意愿的影响 • 孵化器知识治理机制的成效	121分钟	3.91万字
合计				675分钟	22.10万字

　　第一，孵化器层面的访谈对象。孵化器层面包括洪泰智造孵化器的高管团队、中层管理者及一线员工。洪泰智造在全国各地都有孵化实体，研究团队对不同孵化实体进行了有针对性的选取。首先，为从整体战略角度了解孵化器高管进行知识治理的行动框架和思路，主要在洪泰智造北京技术服务总部访谈了孵化器的创始合伙人、副总裁；其次，为了解知识共享过程中的障碍对共享意愿产生的影响，研究团队选择了成都智造工场的孵化器区域负责人、孵化器经理、孵化器项目经理；成都智造工场是目前整个孵化体系中生产硬件设备最先进的分公司，创业活动与工程化活动都较为频繁，这也使得被孵企业间具有更高频次的知识共享，在这里考察并选取访谈对象有助于研究团队了解孵化器如何影响被孵企业工程化过程中的知识共享活动，为研究团队提供了相对丰富和全面的视角；此外，南昌智造工场是洪泰智造目前为止占地最大、配套设施最完备的实地空间，同时配备了洪泰智造的智造社区服务，在南昌智造工场，被孵企业的工作人员在同一片场区住宿、用餐、工作，增加了彼此之间非正式交流的频次，提供了双向了解的机会，这种独特的一体化孵化模式，有可能为研究团队了

解孵化器如何推动被孵企业间建立信任机制、促进被孵企业交流提供新的
见解，在这里研究团队访谈了孵化器投资经理、运营总监、技术总监等。

　　第二，被孵企业层面的访谈对象。被孵企业层面包括被孵企业高层管理
者、中层管理者及一线员工。研究团队确定了 9 家访谈对象，选择的依据如
下：首先，列为访谈对象的被孵企业正在参与或完成了知识共享活动，且洪
泰智造对整个共享过程产生了显著的影响；其次，被孵企业应已成立超过 4
年，进入洪泰智造孵化达 3 年以上，这种较长的时间跨度能在一定程度上保
证被孵企业有足够的时间和精力深入洪泰智造的孵化体系，进而对洪泰智造
的知识共享治理有相对细致和全面的认知；此外，被孵企业参与知识共享的
产品或服务已能够实际量产或相对较为成熟，这是因为在产品设计、试产及
量产等过程中被孵企业的知识共享活动更加深入，也能确保知识共享产生了
实质的绩效；最后，研究团队从符合上述条件的被孵企业中逐一了解了被孵
企业的知识共享情况，并挑选出了最具有代表性的 8 家企业作为访谈对象，
访谈的上述过程中，研究团队均邀请了孵化器投资部门和投后部门参与，以
提高访谈对象选取的准确性、可靠性和代表性。

◉　5.2　被孵企业的知识共享过程

　　通过对洪泰智造内部被孵企业之间的知识共享活动进行归纳，发现其
知识共享活动主要包含了知识索引匹配、知识外化与内化以及知识应用共
赢三个阶段。

　　（1）知识索引匹配阶段

　　知识索引匹配阶段的知识活动主要包含需求分析、存量分析和供需匹
配。通过知识索引匹配，被孵企业能够找到合适的知识共享对象，进而提
升被孵企业的知识共享意愿。

第一，需求分析。被孵企业在创业过程中会面临各类型的问题，但对于导致问题根源及解决问题思路的认知并不一定准确。因此，企业必须要对需求进行准确分析。其中，需求分析包含两个方面，即需求引导和深入剖析。需求引导是指企业可以通过借助交流、培训等方式，建立以学习知识的方式解决现实经营过程中所遇到问题的思维。例如，被孵企业常希望通过招聘新员工的方式来解决当下的困境，但初创企业并不一定能承受过高的人力资源成本，且部分问题的解决往往是一次性的，此时，与周边被孵企业共享知识的方式则会是打破企业发展困境的更好方式。深入剖析则指要对企业当下所面临的问题或困难进行逐步抽丝剥茧，从而找到问题或困难的关键，分清主要次要矛盾，并进一步在这个基础上分析解决主要矛盾的知识是什么，从而使得被孵企业产生明确、清晰的共享知识需求。

第二，存量分析。被孵企业间知识共享意味着企业不仅要从伙伴企业方获取知识，还要进行知识的向外输出。因此，被孵企业在认知自身知识需求以外，还需要对自身企业和伙伴企业的当期存量知识进行分析。其中，知识存量分析包括知识浮现与知识探听。其中，知识浮现主要针对隐性知识，强调事件导向，主要观察"企业能解决什么问题"。被孵企业通过总结自身或其他企业的优势以及做得好的方面，让其背后可能的知识存量得以抽丝剥茧，层层浮现。而知识探听主要针对显性知识，被孵企业在各类型的交流机会中，通过与其他企业的对话，来分析和了解相关知识存量。例如，洪泰智造"吃糖会"定期邀请内部优秀被孵企业代表为大家分享创业经验，被孵企业可以进一步了解身边企业的知识存量，在洪泰智造的第三期吃糖会上，NeverCoffee创始人刘左飞等人就为被孵企业介绍了面对新冠疫情"黑天鹅"事件时，企业如何通过把重心偏向电商，与时下流行的"直播带货"相结合，逐步在逆境中求得生存的自救策略。总的来说，被孵企业通过知识浮现与知识探听的过程，来了解洪泰智造内部其他企业的知识存量，从而形成对不同企业知识存量的认识。

第三，供需匹配。基于被孵企业对孵化器内企业知识分布情况的一定认识，下一步则需要进行供需匹配。供需匹配包括了需求导向和伙伴导向。需求导向是指被孵企业会与其他企业或者孵化器的项目经理、投资人及其他投后孵化工作者沟通，交流彼此所了解到的知识需求或知识存量，寻找与自己的情况相匹配的企业。供需匹配中的需求导向与存量分析不同，存量分析是一个关于被孵企业知识储备的信息收集过程，而供需匹配是有目标、带有目的性地将知识的供需结合起来的过程。而伙伴导向是指被孵企业存在有希望进行知识共享的目标企业后，会借助孵化器工作人员或其他关系与之建立联系，随后与具备目标共享知识的企业进行广泛交流，确定知识是否是切实需要的以及哪家被孵企业的知识与自身的供需情况最为匹配，从而找到最有共享价值的目标被孵企业。

（2）知识外化与内化阶段

知识外化和内化阶段包含了知识外化和知识内化两个活动。这两个活动是相辅相成、相互迭代的，通过外化和内化保障知识共享的顺畅过程，进而达到良好的共享意愿。

第一，知识外化。知识外化是知识共享者通过一定方式将需要共享的知识转化为高效、准确的表达形式的过程，分为表述和演示。表述即被孵企业通过语言、图表、模型等方式对共享知识进行表达，该过程主要针对显性知识，被孵企业尽可能形成文稿、协议、范式等标准化的材料，让自身的知识能够详细、清楚地表达出来。演示是指企业通过对例如产品设计、小试等过程中关键活动的演示，让自身的知识能够具象出来，该过程主要针对隐性知识，尽管演示过程中共享的知识可能依然是不完全、不精确、甚至前后矛盾的，但在外化过程中经过多角度多路径的表达后，这些知识会逐渐开始编码化与明晰化，从而完成外化的过程。

第二，知识内化。被孵企业除需要通过外化过程来对知识进行表述和演示外，还需要通过内化过程来吸收知识。内化过程指的是被孵企业通过一定方式完成目标知识的吸收与反馈的过程，包含总结学习和实践模仿。总结学习主要是对外化的知识进行提炼，结合自身的认知，形成一套局部的知识体系，并抓住其中的重点，反复体会和深化。实践模仿指的是将外化的知识进行应用，在应用过程中反复揣摩，又不断对比、寻求指导，形成一个往复迭代的过程，以确保新学到的知识能够被有效吸收，这是一个动态、反馈的过程，需要被孵企业双方都高度重视知识内化的准确性和适应性修改，确保知识能够形成有效的实践指导，但又不至于因为过于刻板而造成淮北为枳的问题。通过内化过程，被孵企业得以将共享的知识吸收到自身的知识体系中。

（3）知识应用共赢阶段

知识应用共享阶段包含了成果产生和绩效分配两个活动。通过该阶段，能够保证共享双方得到满意的结果，进而提升了双方进行知识共享的意愿。

第一，成果产生。完成知识外化与内化过程后，被孵企业需要确保共享的知识能够在企业的实际生产经营过程中产生成果。硬科技领域的被孵企业往往兼具不同技术的特点，对工程经验依赖性较强，不可控因素较多。这就需要被孵企业间共享的知识能够在企业的生产经营过程中被落实和充分利用。一方面，被孵企业需要尽快参与到实践过程中，不断地总结和反思，遵循新知识的启发和要求，从而对生产过程、产品设计、公司经营等进行改良、优化；另一方面，也要求被孵企业学会举一反三，通过知识的拓展应用，从而将共享知识的收益最大化，产生知识的实际成果。

第二，绩效分配。产生了实际成果以后，被孵企业需要进行共享知识的绩效分配。智能制造领域的隐性知识本就相对更加普遍，进行知识共享的被孵企业双方的投入也相对较多，显性知识又存在表述偏差、难以指导实践过程等问题，因此让共享的知识产生实质绩效是难能可贵的，共享的被孵企业双方会进行绩效的分配，也以此为契机建立长期、稳定、深入的交流指导关系，让双方之间坦诚交流合作，尽可能促成更进一步、更加深入的知识共享。如 EB1 所说："和别人共享知识以后，自然取得的成果是双方共有的，肯定要进行一个绩效的分配。一些小诀窍或者小事情的点拨虽然相对来说是举手之劳，但是我们也会记在心上，找机会投桃报李，这是基本的态度，也为自己企业建立一个好点的口碑。"

◉ 5.3 孵化器的知识共享治理机制

为了进一步保障和促进被孵企业之间的知识共享，孵化器需要建立知识共享治理机制，其中包含了辅助匹配治理、行为优化治理、绩效分配治理。其中，知识共享治理的三个机制分别适用于知识共享的三个阶段，针对不同的知识特性，解决共享难题，进而提升被孵企业的知识共享绩效。

5.3.1 辅助匹配治理机制

辅助匹配治理机制通过解决知识索引匹配阶段，由知识默会性带来的共享阻碍，带来良好的开始，进而影响知识共享意愿。

（1）辅助匹配治理机制内涵

在知识索引匹配阶段，被孵企业的知识共享活动面临基于显性知识的价值与场景缺失问题和基于隐性知识的目标导向缺失问题。一方面，知识的价值与场景缺失是指共享者对于自身知识应用认知的不足；另一方面，隐性知识难以被从具体的实践过程中归因、提炼出来，导致难以被精准定位，这一问题被称为目标导向缺失。正如 EA2 所言："我们的静电吸附技术其实还可以跨界应用于服装制造过程中的搬运工作，但是之前我们并不熟悉这个领域，通过和该领域的企业共享了业务内容之后，获得了不小的启发，这是之前远远没有意识到的。"

针对上述问题，孵化器可通过辅助匹配治理机制，其中包括建立标准知识库、启发性思考、典型案例推介和聚类交流，来帮助企业实现更好的知识索引匹配。

第一，建立标准知识库。基于孵化器对被孵企业有着整体性认知，且深度参与到被孵企业的运营和发展过程，进而可以通过建立标准知识库来帮助被孵企业之间更好地进行知识索引匹配。标准知识库意味着需要构建完备的知识整理与信息采集的流程范式，包含知识入库流程和定期集中采集。例如，洪泰智造各专业方向的投资人、智造工场工作人员、项目经理等会根据对被孵企业不同角度的认知和了解，定期在一起开交流分享会，寻找可能发生知识共享的企业，在下一阶段的工作中促成相应的合作；此外，洪泰智造还要求孵化人员定期按照规范的格式记录在孵企业的现状和相应的信息。上述形成惯例和范式的标准化、日常化整理与交流，帮助洪泰智造有效地建立了标准知识库，为被孵企业知识索引匹配过程提供了基建式的保障。

第二，启发性思考。启发性思考主要是定向针对具有共享潜力的知识存量企业，通过为他们提供更多的交流机会，如各类型的跨界学术会议、工业联盟会议、创业者沙龙等活动，促进创业者们深入交流，从而启发这些创业者思考知识的新应用场景。以技术的应用场景拓展为例，智能制造领域的技术也有着主干技术和配套技术之分，通常与自动化控制系统、制造工艺等方面有关的技术往往属于领域内的主干技术，洪泰智造便帮助这些主干技术企业通过知识交流来拓展知识应用场景，进而实现了更大的应用价值。

第三，典型案例推介。通过案例推介实现了标杆的示范效应。当不少被孵企业还处于思维定势中，认为只有通过招聘新员工的方式才能逐步提升企业的业务能力时，知识共享成功案例的推介将打破他们的思维定势，提高知识共享的主动性。例如，以"洪泰吃糖会"为代表的系列宣传活动，通过对知识共享获得成功的典型案例进行介绍，一方面以实际事例启发被孵企业，引导被孵企业针对知识共享活动举一反三，另一方面也让被孵企业切实看到了知识共享的实际效益。洪泰智造的宣传团队会通过公众号、新媒体、沙龙等方式向大家推介成功典范，不断推动形成良好的共享氛围。

第四，聚类交流。聚类交流指的是基于投资赛道的分类，定期将不同类型的企业聚在一起开展业务交流。这种交流可以是正式的，也可以是非正式的。对彼此相近业务的了解有助于加深被孵企业间的认知，也增加了潜在知识共享发生的可能性，聚类交流的形式也很多元化。洪泰智造认为，"灵感是需要在不断的'布朗运动'中随机碰撞产生的"，被孵企业的创始人、技术人员等，会被组织参加一些有一定时间跨度的团建活动，或者被邀请轮流进行企业参观、产品交流。在这个过程中，被孵企业之间不仅增进了同领域的了解，也能够不断启发双方，让彼此的认知更加深入，同时增进了相互之间的信任关系。

（2）辅助匹配治理机制机理

洪泰智造的辅助匹配治理机制针对知识的默会性进行治理，解决了在知识索引匹配阶段由知识默会性所引起的价值与场景缺失、目标导向缺失问题，激励了被孵企业知识共享的意愿。其中，默会性主要指知识嵌入于实践活动之中，非命题和语言所能刻画和描述，或难以被察觉其价值，不易大规模积累、储藏和传播的特质。默会性问题在显性知识与隐性知识方面的表现各不相同，在显性知识层面主要表现为价值和场景认知的隐匿性，在隐性知识层面则表现为因对知识的表述表达的困难而导致的目标导向的缺失。显性知识不存在检索的困难，但是却很容易被忽视，被孵企业由于对自身保有的存量知识价值的认知不足，常常将这些独特的经验、诀窍作为习以为常的知识，而忽视了这些知识对于其他被孵企业的价值。此外，对自身保有的知识价值的误判也容易使共享者认为这种共享行为没有太多的价值，导致其难以主动去为这些知识寻找合适的新应用场景。隐性知识的主要问题在于它嵌入在知识主体的行动、所处的环境、办事的流程中，难以被用语言等表述形式单独剥离出来，因此知识共享双方难以对目标知识进行检索和寻找，即"我不知道谁有我需要的知识""我不知道我需要什么样的知识来解决当下的问题"，这会导致参与共享的被孵企业认为寻找到合适、稳妥的共享对象是困难的、低概率的。价值与场景缺失、目标导向缺失都会影响知识索引匹配，进而为被孵企业的知识共享活动带来阻碍，降低被孵企业知识共享意愿。

因此，治理的关键在于将知识及其应用价值以清晰的方式呈现出来。辅助匹配治理机制以表达为主，通过系列治理行为让作为共享双方的被孵企业能够清晰地呈现出嵌入在各类型实践中的默会知识，在知识本身难以刻画的情况下，孵化器转而通过对知识用途和效用的表述达到了改善应用场景、应用价值及目标导向匹配的效果。辅助匹配治理机制为被孵企业提供了正确的共享对象，有助于解决目标感缺失的问题，使得共享活动不再盲目，让被孵企业意识到知识本身的价值，激励被孵企业对知识共享产生期待，从而长期保持一种配合甚至主动进行共享的状态。针对知识默会性的辅助匹配治理机制使得被孵企业间的知识共享活动具备了良好的共享基础。

（3）辅助匹配治理机制成效

辅助匹配治理机制能帮助企业之间形成良好的知识共享基础，同时提升了企业对知识共享重要性的感知。知识共享首先需要理清被孵企业间有哪些知识存量，有什么样的知识需求，这是被孵企业间知识共享活动更加频繁、主动的基础条件。如 IH1 所说："早些年我参与的孵化项目虽然也比较多，但大家就是各干各的，有时候一个企业做产品在我这里来来回回几个月甚至一年，和别的企业天天打照面都不认识，那就更别谈交流合作什么的了。但是现在不一样了，现在大家都爱一起聚聚，有时候还撺掇着让我帮忙组局，大家都知道彼此是做什么产业的，有一些什么技术方向，企业孵化到了什么程度，他们之间也会相互指导交流，实际效果还很不错。"经过孵化器的知识共享治理，被孵企业能够有清晰明确的知识存量与知识需求，也逐渐认识到了知识共享的重要性。例如，洪泰智造内的企业不仅减少了对参与知识共享活动的戒备心理，而且还开始不断地主动寻觅共享对象，开始通过与其他被孵企业的互动有章法、有组织地寻找知识共享的契机，整个被孵企业群体在孵化器内部的知识共享活动明显变得更加高频活跃。

5.3.2 行为优化治理机制

行为优化治理机制通过解决知识外化与内化阶段，由知识复杂性带来的共享阻碍，带来顺畅的过程，进而影响知识共享意愿。

（1）行为优化治理机制内涵

对于硬科技领域的被孵企业而言，其团队通常是技术人员出身。这些创业者在某个领域拥有了一定的技术积累以后，通过技术优化和试产，进而将产品推向市场。然而，从产品的设计到产品的生产，是一个典型的工程化过程，不同于一些互联网创业，这个过程非常依赖经验，也注重实践。因此，在被孵企业共享双方找到匹配的共享知识后，既需要将知识外化表达，也需要将知识内化吸收，在这个阶段，被孵企业主要面对的是基于显性知识的实践困难与基于隐性知识的表述困难。如 IG2 所言："在设计一块代加工的电路板的时候，为了提高电路板的集成度，设计人员往往尽可能地把电路排布设计得紧凑，但是智造工场的加工设备往往有着不同的加工精度和加工要求，这就导致很多已完成的设计需要返工"。

针对上述问题，孵化器可以通过行为优化治理机制帮助企业，主要包括：协同交流、辅助表达、场景化学习和定期跟踪反馈，来帮助企业实现知识外化与内化。

第一，协同交流。协同交流指的是引入第三方进行转译，以期优化共享者知识表达的过程。这个角色通常是智造工场的厂长、项目经理或者投资经理。孵化工作者会就需要共享的知识与共享者进行预沟通和理解，在确认达成一致意见后参与到被孵企业间的实际共享过程中，也就是说一方面将共享者的陈述内容进行改写和换述，另一方面对共享者的表述进行复核、确认和补充。

第二，辅助表达。不同于协同交流针对的共享双方话语体系不同的问题，辅助表达本质上解决的是不能够被显性化的知识如何在被孵企业双方间进行共享的问题。辅助表达主要是指洪泰智造的孵化工作人员为共享者提供其他媒介进行辅助表达，如 IH1 所说："在进行工程化经验交流的时候，我们的被孵企业往往会借助智造设备或者实际生产物料进行表述，在表述具体技术的实际性能的时候会进行产品的演示，因为这些硬件的形状等都很复杂，每一个部件也不一定有具体的名称，所以在现场进行沟通才会更加有效，我们对这种交流方式也非常鼓励。"事实上，共享者的知识外化效果往往是由沟通媒介的特性和所执行的表达目的之间的契合度所决定的，具有较高匹配程度、更加形象化、更加具体化的表达媒介会辅助知识共享者更加有效地完成知识外化过程。

第三，场景化学习。场景化学习要求被共享者选择与知识学习、应用最为匹配的场景进行知识内化，这是一种边学边用、现学现用的方式，能够更快、更准确地找到知识内化过程中的疏漏，一旦发现知识内化过程中存在某些问题，可以马上进行巩固、验证。此外，场景化学习的方式使得被共享者有机会对知识内化效果进行即时的验证，更容易形成形象化的记忆从而达到更深层次理解的效果。

第四，定期跟踪反馈。该方式是主要针对显性知识，是对显性知识总结学习后的补充和校对过程，同时也有利于推动被孵企业在知识的实践中不断总结和发展出新的知识，将相应的知识反哺给共享企业，从而形成良性的互动。孵化工作者会定期跟踪显性知识的实践效果，不断进行纠偏和校核，这是因为被共享者往往很难判断自己是否真正将知识有效地进行了内化，很有可能是处于一种似懂非懂的状态，并在后续的温习过程中将加入个人的理解，这会导致理解偏差不断地被放大。

需要指出的是，知识共享的过程中的外化和内化可能是递次的关系，也可能是同时发生的，递次的关系往往发生在跨地理区域的知识外化和内化的过程中，而在共享双方的地理距离较近时，上述过程可能会同时进行。在跨地理区域的共享过程中，确保辅助表达与场景化学习的媒介一致性，对于提升共享效率有着非常重要的帮助。

（2）行为优化治理机制机理

孵化器行为优化治理机制针对知识的复杂性进行治理，解决了在知识外化与内化阶段由知识复杂性所引起的实践困难和表述困难问题，激励了被孵企业知识共享的意愿。在知识共享的外化与内化阶段，造成共享障碍的主要原因是知识的复杂性，复杂性主要是指知识难以被准确地理解、快速地学习，以及在应用过程中高度依赖实践—反馈—再实践迭代产生价值的特质，造成了显性知识的实践困难与隐性知识的表述困难。显性知识因为易于通过各种形式进行表述，因此更多的是以间接的形式在共享知识的被孵企业之间交互。一方面，对于外化的准确率没有一个通用的判定准则和标准，另一方面，内化过程也容易存在偏差。因此，综合上述两个方面，显性知识尽管可能完成了外化与内化过程，但过程中积攒的偏差很容易在实践过程中表现出来，难以真正指导被孵企业进行实践。另一方面，隐性知识的问题则主要在于表述方面，隐性知识复杂且嵌入在知识主体的行动、所处的环境以及办事流程中，难以通过语言或者文字的方式显性化，只能借助被孵企业之间一些具象的方式进行表达，即便是有了较为明确或富有效率的表达方式，也还存在成本问题，例如资源成本、时间成本、机会成本、人力成本等问题。值得一提的是，隐性知识共享不存在显性知识一样的实践困难，因为难以显性表达这一特点虽然使得隐性知识共享只能依赖一些具象的方式，但另一方面却也降低了后期的实践试错成本。实践困难、表述困难都会影响知识外化与内化，进而为被孵企业的知识共享活动带来阻碍，降低被孵企业知识共享意愿。

孵化器行为优化治理机制的关键在于对信息产生的复杂主观认知进行深刻、准确的学习、掌握和应用，是对知识共享过程的优化。就隐性知识而言，该治理机制以实践为主，跳过了隐性知识的显性化过程，遵循"扶上马、送一程"的思路促进双方在实践中借助模仿、试验等方式推动知识共享，这种共享方式不一定要借助语言表述出来，被孵企业双方都长期在工程领域实操，只要能够提供机会让双方去实地看、上手做，很多隐性知识就能较快掌握，就像学徒制一样。复杂性在显性知识层面所造成的问题相对更具危害，主要表现为对知识传递准确性和对知识应用的实践性上，尤其是在智能制造这一具备高度的经验依赖性的领域，尽管显性知识已经被总结和提炼，得到了具象和表达，但缺乏对内在规律把握的外在干预，对复杂问题的简单处理，都是不能奏效的。洪泰智造的行为优化治理机制针对显性知识复杂性问题，把握住了涉及具体操作流程和工程化问题的要素，有针对性、有目标地建立反馈，推动被孵企业共享双方的复盘、交互过程。这种治理的核心在于通过不断地应用—反馈—再应用的反复实践，使得知识的复杂性能够不断得到确认和校核，进而提高知识共享过程的效率，降低知识共享过程的成本，当被孵企业意识到尽管复杂知识的共享面临诸多困难，但其共享过程的成本投入是一个清晰、明朗、有限、小额的数量时，则会被激励产生更强烈的共享意愿。针对知识复杂性的行为优化治理机制使得被孵企业间的知识共享活动具备了顺畅的共享过程。

（3）行为优化治理机制成效

行为优化治理机制能够帮助被孵企业间的知识共享有顺畅的过程。顺畅的知识共享过程有赖于被孵企业间知识外化与内化的准确、有序和低成本，对被孵企业知识外化与内化行为的优化，促成了知识的精准实践，使得双方的共享不再是流于表面，而是更具有深刻的内涵。正如 IB1 所说："早期的孵化工作中，我们其实也会强调要促成被孵企业间进行合作，实现被孵企业群体的自我孵化，但取得的效果并不理想，针对被孵企业间的知识共享进行治理后，发现被孵企业间的知识共享不仅能产生实际的成果，而且往往还具有延伸性。"在知识共享治理体系下，被孵企业间的知识共享不再是为了应付某些分享会、交流会而做，企业双方都开始有针对性、有目标地去寻找真正能够促进企业生产经营的知识，并在洪泰智造的保障下展开更深层次的知识共享，这一方面可以降低孵化器工作人员的一些重复性的事务工作，让纸面上的显性知识更好地在共享过程中流通扩散并付诸实践，另一方面也让被孵企业间隐性知识共享不再模糊、混乱，双方借助各类型的辅助手段，在企业的实际生产经营活动中让共享的知识落地生根，推动共享的知识产生实质性成果，真正去解决被孵企业的问题和困难，打造出新的、更优化的产品和服务。

5.3.3　绩效分配公平化治理机制

绩效分配公平化治理机制通过解决在知识应用共赢阶段，由知识经济性带来的共享阻碍，带来满意的结果，进而影响知识共享意愿。

（1）绩效分配公平化治理机制内涵

被孵企业在知识应用共赢阶段面临的主要是基于显性知识的成果产出低的问题与基于隐性知识的绩效分配不合理的问题。与一般企业的知识共享不同的是，被孵企业的新产品、新技术、新设备和新样品往往刚刚得以运用，被孵企业也尚未构建出一定的竞争优势，很容易被同领域竞争者通过简单仿制、逆向工程等手段挤占市场。此外，"搭便车""偷艺"、技术模仿、剽窃侵权等机会主义行为的发生，使得被孵企业本身对知识共享存在一定的戒备心理，导致知识共享对象的寻觅及共享绩效的分配存在风险与挑战。

针对上述问题，孵化器可通过绩效分配公平化治理机制，主要包括事先分配、利益绑定、信任背书和仲裁介入，来帮助企业实现知识应用共赢。

第一，事先分配。由于显性知识易于传播，也相对容易确定价值，因此，督促共享双方尽早就知识共享的绩效进行预估并制定有效的分配方案，这种分配方案主要以知识能够解决的实际问题出发，侧重于将知识应用的效果作为分配依据而非知识共享过程中的成本。正如 IH1 所说："不能因为人家的点拨很轻松，就觉得这个知识不值钱，像有些技术设计细节，人家是积累了好多年的经验，才能一眼看到问题所在，需要认识到别人背后的付出，所以关键要看解决了什么问题，解决了多重要的问题，而不是片面的仅仅看解决问题的过程有多简单。"成果导向的分配方式有利于双方更好的达成合作。

第二，利益绑定。利益绑定针对显性知识能否实际产出绩效的问题。孵化器针对不同模式、不同共享深度的情况设计了不同的利益绑定机制，将绩效的分配细则落实到纸面上，确保能够对共享双方的利益进行细致的保护，推动双方共享的有效性，还有利于推动知识应用在共享过程中不断扩大、发展，对于分配超出预期部分的绩效也相对更加公平，在上述两种方式的推动下，被孵企业共享双方之间也有了合理的激励体系，也不再担心知识被低成本窃取、模仿，同时能最大程度上促进共享过程产生实质性绩效，从而进一步增加了被孵企业间知识共享的意愿。

第三，信任背书。信任背书指的是洪泰智造通过多种方式帮助共享双方建立信任，包括引导进行不断扩大的合作，提供非正式的接触机会以及为共享双方提供信任背书。隐性知识的共享具有不确定性，对于共享知识所能产生的成果而言，也难以在事先有准确的判断，因此，只能通过事后分析的方式进行分配。洪泰智造在南京的智造工场就是一个典型的例子，工场将被孵企业的智造厂线、住宿区、用餐区、研发室、实验室等集中在同一片区域，为被孵企业之间创造了较多的、高频次的接触机会，使得有机会产生共享的双方能够建立起日常练习和密切的私人关系，从而逐渐发展出信任。此外，由于洪泰智造通过投资、孵化等多种方式深度参与到了被孵企业的创业过程中，是所有被孵企业的关系交集与信任重叠区。因此，在洪泰智造工作人员所主导下的知识共享过程也容易被共享双方所接纳，双方会基于洪泰智造而产生合作的信任。

第四，仲裁介入。洪泰智造为被孵企业间知识共享的后续分配提供了仲裁介入，一旦被孵企业之间对于知识共享所产生的绩效分配发生了分歧和争议，洪泰智造将作为中间人进行判断和调解。如 IA1 所说："我们的投资经理或者项目经理在入职前往往就已经有了长期从事该行业的经验，而且做出了一定的成绩，这样才能有资格、有能力去对项目进行指导，当然，他们对项目长时间的跟踪和深度服务也会逐渐建立起一定的话语权和公信力。"事实上，洪泰智造的孵化人员相对于创业人员，对于行业有着更为清晰和深刻的认识，对共享双方的企业经营、产品设计情况等方面的把握也比较准确。另一方面，如 EA2 所说："都是被孵企业，手心手背都是肉，我们还是倾向于相信洪泰智造是比较公平的。"因此，洪泰智造的孵化工作者能够对共享的知识有一个相对公正、客观、合理的定位，对绩效的分配也更容易服众，这种保障机制为双方增加了对共享对象的信赖，因此也能够较好地激励被孵企业间知识共享的意愿。

（2）绩效分配公平化治理机制机理

洪泰智造的绩效分配公平化治理机制针对知识的经济性进行治理，解决了在知识应用共赢阶段由知识经济性所引起的绩效分配不合理和绩效产出低的问题，激励了被孵企业间知识共享的意愿。知识的经济性主要是指知识能够通过在不同知识主体之间的流通而落实到实践过程中，从而产生经济效益的特质。就该特性而言，显性知识的共享成本较低，知识的应用缺乏适应性，因此往往很难结合现实情况对实践产生准确和个性化的指导，尤其是在智能制造领域，缺乏个性化的指导很容易导致产品或服务的设计出现偏差，影响最终的产品量产和上市表现。此外，显性知识由于能够得到清晰明确的认知，一旦被确定用于共享，被孵企业双方制定合理的绩效分配方案是具备可行性的，问题则在于共享双方无法确定共享的显性知识是否准确、能否被合理应用、是否能带来实际收益，且由于显性知识易于流通，可能存在"搭便车""偷艺"的问题。隐性知识的问题则在于，一方面被孵企业共享双方之间对于共享知识的价值认知只有一个初步的预期，具体的情况需要在产品、服务等的实践过程中去不断了解，另一方面，由于知识难以被显化出来，因此即便被孵企业双方的共享活动深入且富有成效，也难以明确所共享的知识对于产品或项目整体的贡献程度与影响大小。综合来看，隐性知识导致了被孵企业之间共享活动的绩效分配难以合理、公平。此外，知识价值认知对实践过程有较大程度依赖，实践过程中的成本投入也面临不确定性，所以难以实现事先的分配。此外，从总体上来看，无论是基于显性还是隐性知识所导致的问题，作为被孵企业，其本身也面临着资源的局限性，对于新产品或新工艺的开发能力往往较为有限，大多处于新创初期，也没有形成有竞争力的产品和稳定的运营模式。因此，实际绩效的不确定性和共享知识对企业绩效影响程度的难以界定问题，直接影响到了共享双方对于共享活动收益的预期情况。双方被孵企业对共享活动绩效的低预期、对实际绩效分配的不信任感，都会对共享活动产生负面影响。因此，绩效产出低、绩效分配不合理都会影响知识应用共赢，进而为被孵企业的知识共享活动带来阻碍，降低被孵企业知识共享意愿。因此，知识经济性这一特质所带来的共享问题的关键就在于需要确保知识共享能够产生绩效并在绩效产生后能够确保合理、公正的分配。

　　洪泰智造的绩效分配公平化治理机制主要包含两方面，一方面是将共享双方的利益进行绑定，这种利益绑定的方式使得被孵企业双方一旦确定了共享，共享过程中的盈亏都将由双方共同承担。因此，被孵企业对彼此的投入也会更加信任，知识共享更加容易产生实际绩效，共享过程也会更加顺畅；另一方面，这种治理机制也保障了利益的分配，对于显性知识容易"搭便车"的现象，通过事先分配的方式，降低了因显性知识易于流动而带来的绩效分配不公平问题，对于隐性知识的成本投入不确定和绩效贡献难以确定的问题，通过信任背书及仲裁介入的方式，将绩效分配向后移，借助洪泰智造这个共同信任的孵化基础，让被孵企业间能够坦诚、顺利地开展共享，不会因为难以商榷出合适的绩效分配方案而使得共享活动停滞不前。总的来说，针对知识的经济性问题，洪泰智造的绩效分配公平化治理机制对被孵企业共享活动的利益保障进行了优化，推动了绩效分配的公平性，从而促进了被孵企业对知识共享预期收益的积极判断，这对于洪泰智造这种高度聚焦的专业孵化器来说尤其重要，洪泰智造作为智能制造领域的孵化器，在投资倾向与服务对象上都有明显的聚集性，这导致被孵企业之间存在可能的潜在竞争关系，如果知识共享者在最后的绩效与权利分配中没有获得相应的收益，或者共享者所获得的收益与预期有较大的偏差，会导致知识共享者缺乏共享动力甚至主动回避共享，只有被孵企业知识共享能够产生实际绩效，绩效分配做到了公平透明，共享后有保障能追溯，被孵企业才会产生共享意愿，进而激励、促进被孵企业间的主动共享。针对知识经济性的绩效分配公平化治理机制使得被孵企业间的知识共享活动具备满意的共享结果。

　　（3）绩效分配公平化治理机制成效

　　绩效分配公平化治理机制帮助被孵企业间知识共享产生双方满意的结果。洪泰智造合理的知识成果保障与绩效分配，促成了良好的知识共享氛围与正反馈。如 EA3 所说："我们认为在洪泰智造内部，和别的被孵企业进行知识共享是一件好事，毕竟我们也看到了不少例子，大家相互帮助互相成长，最后的结果也不是我们想象中的那种'吸血'式的索取或者'放养'状态，而是双方各有收获，这让大家都非常满意。"随着越来越多地被孵企业尝到知识共享的"甜头"，共享成了合作共赢的代名词，被孵企业对于知识共享的结果逐渐变得乐观、积极。从总体上看，被孵企业间的知识共享在洪泰智造的治理下，取得了良好的效果，被孵企业共享双方都得到了相对满意的结果。

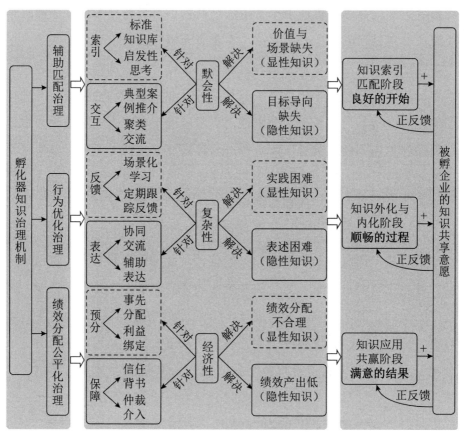

图 5.1　知识治理机制机理

◉　5.4　研究小结与实践启示

本章从知识视角，结合创业孵化领域的实际，提炼了被孵企业间知识共享的过程，并以此为基础分析了被孵企业在孵化过程中被孵企业所面临的问题和困难，强调了孵化器主动进行知识治理的必要性，提炼了相应的知识共享治理机制。具体如下。

第一，被孵企业间知识共享主要包含了知识索引匹配、知识外化与内化以及知识应用共赢三个阶段。知识索引匹配阶段的知识活动主要包含需求分析、存量分析和供需匹配。通过知识索引匹配，被孵企业能够找到合适的知识共享对象，进而提升被孵企业的知识共享意愿。知识外化和内化阶段包含了知识外化和知识内化两个活动。这两个活动是相辅相成、相互迭代的，通过外化和内化保障知识共享的顺畅过程，进而达到良好的共享意愿。知识应用共享阶段包含了成果产生和绩效分配两个活动。通过该阶段，能够保证共享双方得到满意的结果，进而提升了双方进行知识共享的意愿。

第二，为了保障和促进被孵企业之间的知识共享，孵化器需要建立知识共享治理机制，其中包含了辅助匹配治理、行为优化治理、绩效分配治理。其中，辅助匹配治理机制通过建立标准知识库、启发性思考、典型案例推介和聚类交流，来解决知识索引匹配阶段，由知识默会性带来的共享阻碍，带来良好的开始，进而影响知识共享意愿。行为优化治理机制通过协同交流、辅助表达、场景化学习和定期跟踪反馈，解决知识外化与内化阶段由知识复杂性带来的共享阻碍，带来顺畅的过程，进而影响知识共享意愿。绩效分配公平化治理机制通过事先分配、利益绑定、信任背书和仲裁介入，解决在知识应用共赢阶段由知识经济性带来的共享阻碍，带来满意的结果，进而影响知识共享意愿。总的来说，知识共享治理机制在各个阶段协同作用、互为补充，通过形成系统化、结构化的框架，使得整个知识共享过程具备良好的基础、顺畅的过程和满意的结果，进而激励了被孵企业的知识共享意愿，进而形成了良好的知识治理孵化效果。

本章通过探究硬科技孵化器内被孵企业的知识共享过程，以及知识治理机制的内涵、机理和成效，能够为硬科技创业企业在孵化器内开展知识共享活动，进而提升孵化器的孵化绩效提供相应的实践启示，具体如下。

（1）硬科技孵化器层面

第一，本章结论启发孵化器重视对被孵企业的知识共享过程进行治理。孵化器不应仅关注从孵化器到被孵企业的资源流动，还应将被孵企业也看作是资源的集合体，积极挖掘不同企业上的知识特性，将被孵企业也看作是孵化资源的重要来源。

第二，孵化器应考虑通过建立被孵企业知识共享库来优化被孵企业知识共享的过程。当前大多孵化器中，一家企业通常只和一位孵化器工作人员保持较为深入的沟通，导致孵化器内部无法获得知识共享可能性信息，被孵企业也无法得知可能合作的对象信息。而创建标准化的知识共享库将帮助孵化器改变这一现状。

第三，孵化器应制定完善的知识共享绩效事先分配方案或事后监督方案促进被孵企业间的知识共享。孵化器作为被孵企业之间共同信任的"第三方"，应主动发挥其监督和调解作用，帮助双方企业降低合作壁垒，提升合作意愿。

（2）硬科技被孵企业层面

第一，本章启发被孵企业应充分认识到知识共享的重要性，尤其是与孵化器内的兄弟企业。这类企业通常经营内容相近，且具有共同的"第三方"信任关系，相比于孵化器外的企业，孵化器内的企业将具有更高的知识共享可行性。

第二，被孵企业应积极参与孵化器举办的线上线下活动，通过与兄弟企业进行沟通，来了解知识共享的方向，以及可能发生知识共享的对象。同时，也应增加在这类活动中的分享与发表，来不断挖掘自己已有的知识资源和需要的知识资源。

第三，被孵企业在担心知识共享的利益分配和信用保障时，应积极发掘孵化器作为仲裁和背书的角色，应充分挖掘孵化器作为企业之间的第三方的角色，进而促进知识共享活动来助力企业自身成长。

第6章 硬科技孵化器 多基地资源联动

2020 年 7 月 30 日，国务院办公厅发布《关于提升大众创业万众创新示范基地带动作用进一步促改革稳就业强动能的实施意见》（国办发〔2020〕26 号），其中提出：搭建双创示范基地跨区域合作交流平台，推广跨区域孵化"飞地模式"，探索被孵项目跨区域梯次流动衔接的合作机制，在资源共享、产业协同、知识产权保护和运营等方面开展跨区域融通合作。由于孵化企业成长存在异质性需求，硬科技孵化器往往通过在国内甚至国际不同地区建立多个孵化基地，以此形成紧密联结的内层网络，通过促进优质资源在孵化器内部的流动与共享高效赋能创业企业（Soetanto and Jack，2013）。因此，本章依托于硬科技孵化器多基地相互紧密联结的内层网络情境，通过探讨硬科技孵化器多基地资源联动过程中的关键行动、基地资源联动策略选择及总部资源联动保障机制，对硬科技孵化器多基地在内层网络中开展的资源联动过程及其机制进行深入剖析，以期为硬科技孵化器内部多基地的协同发展问题提供更具情景化的理论解释，并且对孵化器借助网络化发展战略提升孵育效率，尤其是在内层网络中推进硬科技资源联动的管理实践提供参考。

◉ 6.1　研究问题与方法

6.1.1　问题提出

在我国孵化行业发展速度与质量不断提升的背景下，越来越多的硬科技孵化器纷纷将运营布局的重点转移至构建紧密相通的内部网络上。例如，作为我国孵化服务行业的头部企业，启迪之星于 2014 年推出创业营活动，开始打造没有围墙的清华科技园，设立了第一个外地孵化基地——启迪之星潍坊基地，2015 年启迪之星发布了"互联网＋孵化网络"战略，继而开始在国内外众多城市建立孵化基地。专注于服务智能制造领域初创企业的洪泰智造，也在北京、成都、天津、硅谷等地建立了孵化基地，以期通过推动内部资源的优化配置、组合，提高对智能制造创业企业的价值增值作用。但在孵化器内部网络化发展的过程中，由于不同孵化基地的发展基础、地理位置、体制机制等存在较大差异，同一孵化器内的孵化基地会面临优质资源争夺及区域资源封锁等发展障碍，使得其在内层网络资源联动过程中扮演的角色及承担的功能也有所差异。例如，与一线城市相比，三线城市在技术累积、金融聚集、产业衔接等方面处于不利位置，然而其充裕的劳动力和较低的土地成本却是许多创业企业发展过程中的亟须资源。孵化基地的设立不仅仅是硬科技孵化器开展业务的一个物理站点，同时也是在布局整个孵化网络的过程中，实现多方资源的汇聚、部署与协同发展，进而形成共享共赢生态循环的重要依托。因此，在孵化内层网络结点日渐增多、运行机制日渐复杂的情境下，硬科技孵化器如何"盘活"资源，在推进资源联动的过程中实现多基地的协同发展？成为学术界和实业界关注的重要研究议题。

回顾现有文献可知，作为国家创新体系的重要组成部分，孵化网络是创业企业获取外部资源的重要途径，对创业企业发展具有深远影响（Galvão et al.，2019）。随着孵化平台发展模式与运营机制的日渐成熟，孵化平台更加注重建立完备的孵化网络培育体系（李振华和李赋薇，2018；Bruneel et al.，2012；Giudici et al.，2018）。基于网络的孵化实践引起了学者们的广泛关注（Galvão et al.，2019；Zhao et al.，2017）。部分研究表明，初创企业通过网络不仅可以抓住网络机会，充分利用网络资源从而创造价值（李振华等，2017；Pettersen et al.，2015），而且还能优先进入潜在合作伙伴的网络以更好地进行商业开发与推广，以此提升创业绩效（Blanka and Traunmuller，2020）。孵化平台可以通过网络活动获取培育创业企业所需的关键资源，如专业且深入的技术专长、有效的知识流动、高质量的组织间学习机制、进入市场的机会等，从而帮助创业企业在技术、管理与市场方面获得更优的绩效表现（黄钟仪等，2020；Fang et al.，2010）。作为创业企业获取外部资源的支撑平台，集中资源与共享资源的优势已经成为评价孵化平台绩效表现的重要维度（Jin et al.，2019）。然而，Soetanto 和 Jack（2013）却认为，由于创新程度不同的企业在网络活动上存在较大差异，孵化网络并不能对初创企业绩效产生积极影响。Rasmussen 等（2015）也发现，孵化网络能否提高创业绩效存在不确定性，当孵化企业具有较强的创业学习能力时，才能撬动孵化网络的积极效用。

由于孵化网络与创业绩效的关系问题存在较大争议，学者们进一步将孵化网络进行解构，并逐渐意识到内层网络对于创业企业发展的重要影响。孵化网络是由相互关联的内层网络与外层网络组成的双层嵌套结构（Wu et al.，2020）。内层网络是以特定孵化平台为基本分析主体，包含孵化平台与孵化企业及孵化企业之间的紧密联结而形成的关系网络（Nijssen and Van Der Borgh，2017）。外层网络是以孵化平台和被孵企业为核心主体，围绕孵化过程与供应商、客户企业、政府部门、金融机构、高校和科研院所、中介机构等形成的关系网络（Sungur，2015）。作为孵化网络的核心，内层网络是提升孵化平台培育能力、促进被孵企业成长的重要影响因素（Branstad and Saetre，2016），与内层网络行为主体的紧密联系有利于促进知识、信息及资源的传递与共享，增强孵化企业的核心竞争力（Bøllingtoft，2012）。现有学者在区分不同层级孵化网络的基础上，探讨了外层网络与内层网络对于创业企业提供服务、支持内容等方面的差异（Hughes et al.，2007），并肯定了内层网络对于创业绩效提升的关键作用（Branstad and Saetre，2016；Nijssen and Van Der Borgh，2017）。　例如，张力和刘新梅（2012）从被孵企业的成长依赖视角，发现内层网络中孵化平台与被孵企业以及被孵企业之间的互动是促进企业成长与毕业的重要因素。Schwartz 和 Hornych（2010）的研究显示，孵化企业之间的非正式关系在这种互动中占据主导地位，这种非正式关系能够为信息与知识在内层网络中地有效流动提供多样化的机会。Cantu（2015）发现内层网络不仅能够为孵化企业提供不同发展阶段的大力支持，还能帮助孵化企业与后续入驻的企业建立与维持长久的合作关系。由于内层网络与外层网络在活动程度、创造社会资本、提供网络机会等方面的不同，使得产生的孵化价值类型与绩效程度也存在明显差异（Hughes et al.，2007；Wu et al.，2020）。

综上可知，在创业实践不断深化与完善的背景下，尽管现有研究对孵化网络及其与创业绩效的关系进行了较为系统的探讨，但对于硬科技孵化器在内层网络中绩效提升的具体过程与内在机制仍缺乏足够的关注。同时，由于孵化网络结构与运行机制的多样性、繁杂性，作为孵化网络发挥哺育功能的核心组成部分，鲜有学者关注内层网络情境下硬科技孵化器多基地的资源联动过程，致使对内层网络中孵化基地如何协同发展、创业企业如何有效获取与整合资源等问题未能构成详尽的理论注解。因此，在孵化平台运营模式转变的背后，探析硬科技孵化器多基地在内层网络情境下的资源联动过程有助于揭开孵化网络是否以及如何影响创业绩效的"谜题",具有重要的理论和现实意义。

基于以上分析,本章将依托于硬科技孵化器内层网络情境,在系统探讨硬科技孵化器多基地资源联动过程中的关键行动、基地资源联动策略选择及总部资源联动保障机制的基础上,探索内层网络情境下硬科技孵化器多基地资源联动过程与作用机制。

6.1.2　研究方法与案例选择

本章采用嵌入式单案例探索性研究方法,原因如下:第一,本章的研究焦点是内层网络情境下硬科技孵化器多基地"如何"实现资源联动以及"怎样"提高资源联动的效率,本质上属于研究"How"(如何)的问题,适合使用案例研究方法;第二,现有研究对于硬科技孵化器多基地如何在内层网络中实现资源联动关注有限,缺乏系统的深入研究,因此需要选择能够构建理论、挖掘内部规律的探索性案例研究方法(Eisenhardt,1989);第三,内层网络情境下的硬科技孵化器多基地资源联动是一个多阶段的演化过程,具有明显的情境化特征,单案例研究方法能够对资源联动这一复杂动态过程中的微观机理与形成机制进行详尽剖析;第四,尽管本章采用单案例研究设计,但孵化器下属的不同孵化基地构成了富含层次结构的多个嵌入式分析单元,从而使研究得以遵循复现逻辑,保障了案例分析单元之间的复制与拓展,增强了研究结果的稳健性。

在案例选择方面,本章遵循典型性与理论抽样原则,选择启迪之星为案例研究对象,并以其具有代表性的 A、B、C、D 四家孵化基地为案例分析单元。

选择启迪之星作为案例研究对象的理由如下。

第一,启迪之星是我国孵化行业中的领头企业,是科技部火炬中心认定的首批国家级孵化器。启迪之星自成立以来，始终以"展示科研成果、培养创新人才和服务创新企业"为发展愿景，专注于服务硬科技领域的创业企业，现已孵化出了一大批硬科技龙头企业，如海兰信、世纪瑞尔、亿华通、兆易创新等。同时，基于清华科技园和自身积累的技术基因，启迪之星始终专注于硬科技早期投资，现已成为我国硬科技早期投资的标杆企业，具有较好的行业典型性和代表性。

第二，启迪之星构建了紧密交织的孵化器内层网络。启迪之星从 2014 年开始构建遍布全球的创新孵化网络，开设了第一个外地孵化基地——启迪之星潍坊基地，2015 年，启迪之星孵化基地数量达到 50 个，2016 年，启迪之星孵化网络宣布初步建成，覆盖孵化基地约 80 个，2017 年，启迪之星开始注重孵化网络的内部联动，孵化基地数量达到约 100 个，截至 2020 年底，启迪之星已建立孵化基地 160 余个，遍布全球 80 余个城市，运营孵化空间面积超过 40 万平方米，这一相互交织、联系紧密的孵化内层网络符合本章的研究情境设定。

第三，通过多样化的线上线下活动，启迪之星内部的资源联动非常活跃，已形成多样化的资源部署与协调模式。为了有效发挥内层网络的孵育价值，启迪之星陆续推出一系列措施以推进内层网络资源的优化布局与协同发展，如，启动"联动计划"、打造孵化"高铁列车"、构建互联网镜像孵育体系等，从而有助于我们观察和梳理孵化器资源联动过程及其机制，符合本章的研究问题设定。

第四，依托于合作单位的优势，研究团队对启迪之星进行了长达三年的跟踪调研，保持了良好的合作关系，从而获取了丰富的原始案例资料，这也为后续案例发现部分进行核查与校验提供便利与可能。

选择启迪之星 A、B、C、D 四个孵化基地作为案例研究单元的理由如下。

第一，所选基地应来自于不同经济发展级别、不同地理区位的城市，孵化基地运营特点与发展规模各有相同，从而探寻不同属性基地在全网资源联动过程中承担的角色与功能差异。

第二，所选基地能够较好地代表同类型孵化基地的发展模式与方向，且成立时间较早，以保证其参与内层网络资源联动的数据资料相对完善，以此探索资源联动价值有效发挥的内在机制。

第三，所选基地均由研究团队与启迪之星管理团队共同基于资源与区位属性的差异现实进行选择。分析单元基本信息如表 6.1 所示。

表 6.1　案例研究单元基本信息

基地名称	成立时间	所属城市级别	与总部直线距离	基地特质	发展状况
A	2015.12	直辖市	151km	所属城市经济腹地广阔，工业发达，科技雄厚、高素质人才多。区位优越，背靠总部，能够利用全面且优质的孵化服务与总部进行业务交互。	现在孵企业 200 余家，2020 年获评市级科技企业孵化器，累计为企业对接资源近 4000 次，举办创业活动 300 余场。
B	2019.01	副省级城市	930km	所属城市工业基础雄厚，高校云集，科技氛围浓厚，交通便利。与总部距离较远，但能够发挥区域中心职能，通过资源互动带动周边地区发展。	现在孵企业 60 余家，2020 年获评市级科技企业孵化器，累计为企业对接资源近 200 次，举办创业活动 60 余场。
C	2016.11	地级市	191km	所属城市工业基础良好，科技力量薄弱。区位优势明显，早期业务开展完全依赖总部的资源倾斜，能够优先承接总部企业的落地生产等业务。	现在孵企业 40 余家，2018 年获评省级众创空间，2020 年获评国家备案众创空间，累计举办创业活动 180 余场。
D	2016.10	地级市	1138km	所属城市经济发展基础薄弱，工业化程度较低，高新技术产业少。与总部距离较远，注重拓展本地的资源储备，并加强向区域实力雄厚基地靠拢。	现在孵企业 50 余家，2018 年和 2019 年分别获评市级和省级科技企业孵化器，累计举办创业活动 100 余场。

6.1.3　数据来源与分析过程

为保障研究的有效性，本章通过多渠道数据来源收集资料：第一，半结构化访谈。对启迪之星总部高管团队、代表性孵化基地执行经理及其典型被孵企业 CEO 等进行半结构化访谈；第二，调查问卷。通过参加启迪之星举办的创新发展论坛、加速营、年度 DEMODAY 等活动，向在场的工作人员与被孵企业相关负责人员发放调查问卷；第三，田野观察。通过走访孵化内层网络中的部分代表性孵化基地，观察孵化项目经理及相关工作人员具体的孵化实务工作，记录具体如何利用内层网络资源帮助创业企业成长；第四，内部文献。主要包括启迪之星发展规划、活动素材、培训资料以及对孵化企业的调研资料等；第五，外部文献。主要包括启迪之星官方网站信息、高层管理人员出席活动的讲话、权威媒体新闻报道及访谈视频等。

其中，半结构化访谈是本章最重要的数据资料来源。研究团队对启迪之星总部高管团队、相关基地执行经理及代表性被孵企业 CEO 共进行了三个阶段的调查访谈。

第一阶段：2019 年 11 月，研究团队对启迪之星董事长和总经理进行了半结构化访谈，对启迪之星内层网络的整体概况、发展思路、发展历程及重点等进行了初步了解，根据访谈资料发现，资源能够在内层网络中实现高效调动、组合与协调发展，以此为被孵企业成长提供有力支持，从而进一步细化了研究问题。

第二阶段：2020 年 5 月至 2020 年 6 月，围绕第一阶段确定的研究主题，陆续对启迪之星副总经理、投资部经理以及创新孵化总监进行独立的半结构化访谈，从而对启迪之星内层网络中资源联动的动机、涉及内容、开展形式、作用效果以及提高资源联动效率的机制与措施等进行更为深入的挖掘。

第三阶段：2020 年 7 月至 2020 年 9 月，对代表性孵化基地执行经理进行半结构化访谈，以此对内层网络为孵化基地开展业务提供的支持、与其他孵化基地合作或互动的情况及效果等进行调查。此外，为了获得多视角的翔实材料，在孵化基地的协助下，研究团队对孵化基地中具有良好发展态势与前景的被孵企业 CEO 进行了半结构化访谈，进而从被孵企业的视角进一步挖掘内层网络为其提供的帮助与支持细节、与其他在孵企业进行资源互通与联动的方式及效果等。访谈人员与内容情况汇总如表 6.2 所示。

表 6.2   访谈人员与内容情况汇总

访谈对象	受访者职位	访谈内容概要	访谈时长
启迪之星高管团队	董事长	• 启迪之星发展历程与战略定位 • 启迪之星孵化理念、策略与未来规划	120 分钟
	总经理	• 启迪之星内层网络的整体概况与运行效果 • 启迪之星内层网络的资源联动	120 分钟
	副总经理 1 副总经理 2 副总经理 3	• 孵化特色与重点服务环节 • 内层网络中资源联动涉及的内容、形式、效果及存在的问题 • 促进和保障资源联动的措施和效果	320 分钟
启迪之星投资部	投资部经理	• 重点关注领域与投后服务 • 投资企业资源联动涉及的内容、形式、效果及存在的问题 • 促进和保障投资企业资源联动的措施和效果	120 分钟
启迪之星孵化部	创新孵化总监	• 孵化模式、特色与关键环节 • 内层网络中资源联动的典型案例 • 促进和保障被孵企业资源联动的措施和效果	140 分钟
启迪之星孵化基地	A 基地执行经理 B 基地执行经理 C 基地执行经理 D 基地执行经理	• 孵化模式、主要流程、困难与应对措施 • 内层网络中资源联动的典型案例，包含涉及的内容、形式、作用效果及遇到的问题 • 促进和保障被孵企业资源联动的措施和效果	480 分钟

续表

访谈对象	受访者职位	访谈内容概要	访谈时长
启迪之星被孵企业	A 基地被孵企业 CEO B 基地被孵企业 CEO C 基地被孵企业 CEO D 基地被孵企业 CEO	• 创业企业发展各阶段的特点、需求和困难 • 启迪之星提供的孵化服务模式、内容及效果 • 企业资源联动的典型案例，包含涉及的主要内容、开展形式、频率和作用效果 • 启迪之星促进和保障资源联动的措施和效果	180 分钟

在数据分析过程中，本章遵循扎根理论的结构化分析方法对案例资料进行归纳，以进行螺旋式的理论抽象。具体过程如下。

第一，一阶编码。通过将原始资料进行分解，对资料中的现象进行命名得到概念，并将同一现象的相关概念进行梳理归纳，形成一阶编码。例如，将案例资料"帮助企业多方探寻""全网发布需求意向"等概念提炼为一阶编码"资源搜寻"，将"主动协助企业对接""实现双向精准匹配"等概念提炼为一阶编码"资源获取"。

第二，二阶编码。按照一阶编码的核心内容，将一阶编码进一步归类抽象为具有理论内涵的二阶编码。例如，"资源搜寻"与"资源获取"均表示硬科技创业企通过内层网络完善自身资源禀赋的过程，从而进一步归类抽象为二阶编码"资源建构"。

第三，三阶编码。结合二阶编码的性质与内涵，将具有同一类属的二阶编码进行有效整合，提炼为三阶编码。例如，"资源建构""资源编排""资源协奏""资源延拓"等二阶编码阐述了启迪之星资源联动过程中的主要行动与重点环节，可归纳提炼为三阶编码"硬科技孵化器多基地资源联动过程关键行动"。据此方法结合案例情境提炼出"硬科技孵化器多基地资源联动过程关键行动""硬科技孵化器基地资源联动策略""硬科技孵化器总部资源联动保障机制"3 个三阶编码。具体编码结果如图 6.1所示。

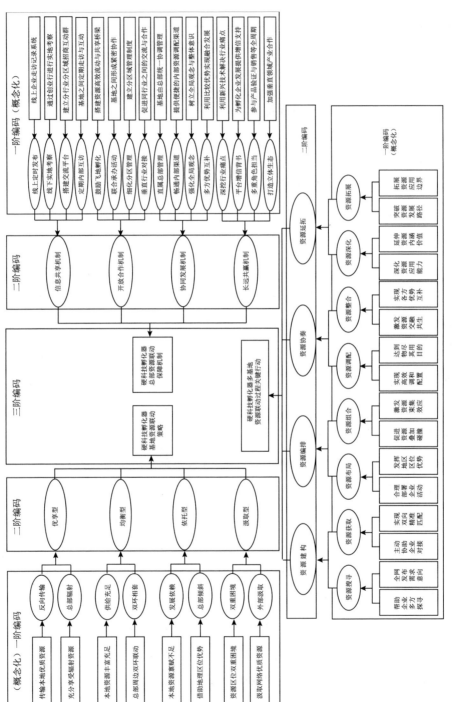

图 6.1 编码结果列示

◉ 6.2　硬科技孵化器资源联动过程

根据案例资料涌现，随着内层网络广度（空间和范围）与深度（密度和关联度）的不断发展，启迪之星多基地资源联动经历了由资源建构到资源编排到资源协奏再到资源延拓的演变。

（1）资源建构

在资源建构阶段，启迪之星多基地在内层网络中的资源联动具体表现为资源搜寻与资源获取。

第一，资源搜寻。与单一孵化平台相比，紧密联结的内层网络使启迪之星能够帮助创业企业快速搜寻与匹配意向资源。例如，启迪之星孵化基地在整合自有资源，并进一步联动网络资源的基础上，形成了推动企业成长与发展的生态循环，使各种资源在整个孵化器内部流动起来。启迪之星会通过全网的积极响应提高硬科技创业企业在生产设备或原材料等方面的搜寻效率。例如，如果被孵企业经过了前期的技术研发试验到达了批量生产的阶段，启迪之星就会将企业寻求工厂的需求进行全网发布，以此帮助被孵企业高效对接资源。

第二，资源获取。通过在国内外众多城市设立孵化基地，启迪之星不仅能够深度挖掘各地的资源，而且还能利用网络上汇聚的多种资源高效赋能硬科技创业企业。随着信息的全球化发展带动的创业资源流动的全球化趋势愈演愈烈，单点做园区能给创业企业的帮助十分有限，因此启迪之星将发展战略调整到了纯轻资产运营。内层网络不仅能够向创业企业及时推送新的信息，还能为项目落地提供鼎力支持，从而助力创业企业将市场触角伸向全球。例如，启迪之星西安基地孵化的一家专注于水下航行器研发的硬科技企业成功中标香港机电工程署科技战疫产品采购项目，正是由于香港基地全力协助其开展申报工作，协调香港地区相关部门，为企业提供即时信息进展、申报辅助等工作，同时还帮助企业对接香港本土的服务商完成现场部署等。

（2）资源编排

在资源编排阶段，启迪之星多基地在内层网络中的资源联动具体表现为资源布局与资源组合。

第一，资源布局。利用启迪之星内部相互交织的孵化网络，硬科技创业企业能够基于全球化发展视野来优化部署其技术研发、生产试验、市场运营等活动。例如，启迪之星被孵企业可以将研发中心设立在北京，到美国招聘高水平的远程工程师，并在青海、乌鲁木齐等地设立销售分部等，以此实现创业资源在网络中的合理布局。在复杂的制度环境背景下，政府制定的优惠政策、条例及提供的服务都会对创业企业的发展认知、战略决策和长远规划产生深远影响。企业会考虑不同区位的制度环境因素，从而合理安排自身发展的各项活动。在内层网络中，哪里有启迪之星被孵企业能够享受到的有利制度，企业就会到哪里去，通过打造创新孵化高铁，网络中的被孵企业就可以快速便捷地来回穿梭，并选择合适的目的地进行停靠。

第二，资源组合。启迪之星能够在优化部署网络资源的过程中提高资源之间的匹配与耦合效率。例如，通过"小饭桌"、企业家俱乐部等活动，启迪之星把有需求的被孵企业与上下游产业链上能够对接的企业聚集在一起，让大家在一起交流行业未来发展前景，革新方向的过程中看是否有合作的机会。在自身具有一定技术储备的条件下，孵化企业能够借助行业的资源组合效应，促进资源之间的重配与聚合，以此提升企业的技术开发与转化能力。例如，启迪之星孵化的一家专注于水环保技术研发的硬科技企业在技术设计和运行方面遇到了难题，此时启迪之星就会组织网络中孵化的环境板块的相关企业，通过促进同行交流，实现创新想法的相互碰撞及创新技术的相互学习。

（3）资源协奏

在资源协奏阶段，启迪之星多基地在内层网络中的资源联动具体表现为资源调配与资源整合。

第一，资源调配。在联动发展的过程中，启迪之星通过挖掘各基地的资源优势，以此提高平台整体资源的配置效率。孵化网络的内部通道不仅能够帮助创业企业快速寻找到网络中某个基地、某个企业或者某个产业的资源，还能促使网络资源在合理调动的过程中发挥自身的最大价值。启迪之星广阔的市场资源遍及范围，深入的市场资源聚焦程度，使被孵企业在进入市场细分领域前能够做出合理预判，根据其市场能力选择合适的进入时机与方式，从而提高企业的市场运营绩效。孵化网络能够帮助被孵企业对接全国乃至全球有利的销售市场，通过商业合作、选点示范、设立销售分部等形式达到高效的推广目的。

第二，资源整合。通过资源的高效流动与聚集，启迪之星能够在推动不同内容、结构、层次资源交融协作的过程中，增强资源整体的价值效益。例如，疫情期间口罩供应非常紧张，生产口罩的原材料——熔喷布和驻极母粒供应也十分紧俏，而孵化器中一家在苏州基地的企业，一家在湖北咸宁基地的企业，均在生产驻极母粒的原材料，但对于他们来说，初创企业找销售渠道非常难，通过孵化网络的多点联系与单点对接，怀柔基地生产口罩企业非常感兴趣，于是迅速达成了合作。资源整合不仅能使企业快速地对技术资源进行重新组合与优化配置，而且还能撬动新的资源开发与应用机会，增强企业的技术柔性。例如，在孵化网络的连接作用下，启迪之星孵化的一家做降解材料研发的硬科技创业企业与一家做纳米材料研发的硬科技创业企业，通过双方的技术合作，共同研制出了一种新型的除味除臭剂，并使双方的技术研发能力均呈现较大幅度的提升。

（4）资源延拓

在资源延拓阶段，启迪之星多基地在内层网络中的资源联动具体表现为资源深化与资源拓展。

第一，资源深化。作为供求双方的授信中介，启迪之星通过垂直孵化的方式，在帮助创业企业资源价值链条逐步延伸的同时实现了产业赋能的双重目标。作为大手拉小手的中介平台，启迪之星一方面利用行业巨头企业的技术、市场及经验等资源为硬科技创业企业成长赋能，另一方面利用创业企业前沿的技术与创新想法帮助行业巨头企业解决技术难题，以此形成互利互惠的良性生态。由于行业壁垒的存在，创业企业往往难以与大型产业集团产生交集，但在启迪之星的支持下，被孵企业不仅可以获得大型企业的采购机会，还能对自身产品进行功能验证，挖掘更大的内涵价值。虽然大型企业有着成熟且完善的业务模块与销售体系，但其往往需要一些中小企业去帮它做一些业务延伸与补充，例如，中集集团想要利用人工智能视觉系统提升集装箱产业链的运营效率，启迪之星则将能够提供类似解决方案的被孵企业聚集起来做加速营，最终帮助中集集团对接一家专注于轻量型工业机器人产品研发的被孵企业，于是他们便产生了业务联系。

第二，资源拓展。内层网络的多点联结与交织能够帮助硬科技创业企业识别与利用更多的资源创新机会，突破资源发展的瓶颈制约，从而不断拓展资源的开发边界。例如，启迪之星孵化网络中汇聚了数量众多的硬科技创业企业，就算每家企业只有一两项技术，但加起来就很多，而且这些技术的产生都是自发性的，如果大型产业集团有技术诉求，就会寻找网络中能够提供相应解决方案的被孵企业来进行技术合作，在此过程中也会将一些新的应用场景向创业企业开放。启迪之星致力于帮助被孵企业探寻更广阔的技术开发与应用市场，从而使被孵企业在打破技术惯性、突破既有技术发展路径的基础上获得长久竞争优势。例如，在启迪之星上海孵化基地工作人员的实地考察中，发现公交集团在停车安全检查方面存在一些能够利用新兴技术高效解决的管理问题，于是就在网络中寻找主攻人工智能视觉识别领域的技术团队，看是否能用一些新的技术手段来帮他们解决这些实际问题，通过方案设计、调整及优化，如今项目已经落地运行并取得了良好的效果。

（5）硬科技孵化器资源联动过程行动构成

本节在解构硬科技孵化器多基地资源联动过程的基础上，揭示了内层网络促进被孵企业成长的内在机理，发现内层网络情境下硬科技孵化器多基地资源联动过程由资源建构、资源编排、资源协奏、资源延拓四个行动组成。

具体而言，在资源建构阶段，硬科技孵化器多基地在内层网络中的资源联动主要表现为资源搜寻与资源获取。以 Sirmon 等（2007）为代表的资源管理理论认为，资源建构是指通过外部资源并购与内部资源积累，进而形成企业资源基础的过程。硬科技孵化器通过实施网络化发展战略能够帮助被孵企业探寻更加丰富的多层次网络资源，从而在克服资源约束的同时助力企业成长（Hillemane et al.，2019）。

在资源编排阶段，硬科技孵化器多基地在内层网络中的资源联动主要表现为资源布局与资源组合。资源编排理论认为，资源本身并不具备能够自动赋予企业持续竞争优势的能力，只有通过具体的资源行动才能创造价值，进而帮助企业获得核心竞争优势（张璐等，2020；Helfat et al.，2007；Sirmon et al.，2007）。本节发现硬科技孵化器能够在考虑不同孵化基地产业、市场、政策等差异优势的基础上对网络资源进行优化布局与组合，从而充分挖掘资源的内在价值，激发资源的束集效应。

在资源协奏阶段，硬科技孵化器多基地在内层网络中的资源联动主要表现为资源调配与资源整合。资源协奏在资源编排的基础上，更加强调通过调配、协作等行动对企业资源进行高效的动态管理（Sirmon et al.，2011）。在相互交织、联系紧密的内层网络中，孵化平台在客观分析不同资源优劣势的基础上，能够对网络内的创业资源进行高效调配，以保证"物尽其用"，并通过资源的有机整合，促进资源之间的相互交融及协同共生，进而激发"1+1>2"的聚合效应。

在资源延拓阶段，硬科技孵化器多基地在内层网络中的资源联动主要表现为资源深化与资源拓展。创业企业的产品和技术通常能与许多应用场景结合，但受限于自身商业化思维、经验和意识较为缺乏，使其在拓展资源应用场景方面的能力略显不足，而紧密交织的内层网络能够通过网络的集聚效应在帮助大型产业集团寻找创新源头、布局产业链条的同时助力创业企业延长资源的生命周期，识别与利用更多的资源拓展创新机会。

综合以上分析可得，硬科技孵化器多基地资源联动的过程研究若只关注其中某一阶段行为的影响，是无法全面刻画硬科技孵化器多基地资源联动形成过程的。本节考察了硬科技孵化器多基地资源联动过程的主要阶段及其内涵，对于深入理解其资源联动的形成过程具有重要意义。

◉ 6.3 硬科技孵化器基地资源联动策略

（1）硬科技孵化器基地资源联动策略类型

为了提高资源联动的效率，启迪之星孵化基地在资源联动的过程中能够基于自身的特质属性（资源优势和区位优势）选择相应的联动策略[①]，以此在联动发展的过程中发挥优势，弥补不足（如表6.3所示）。

表 6.3   启迪之星孵化基地资源联动策略特征

孵化基地	联动策略	资源禀赋	网络地位	资源输出能力	资源获取能力
A	优享型	优越	极高	极强	极强
B	均衡型	优越	较高	较强	一般
C	依托型	不足	一般	较弱	较强
D	汲取型	不足	较低	较弱	一般

---

① 资源优势代表硬科技孵化器基地依托本地资源禀赋在资源种类、质量、独特性、价值性等方面具备的优势；区位优势代表硬科技孵化器基地借助总部辐射作用在资源种类、质量、独特性、价值性等方面获得的支持。

第一，优享型（较大资源优势—较大区位优势）。优享型联动策略是指具有较大资源优势与较大区位优势的硬科技孵化器基地，在资源联动过程中，通过资源输出输入的双向联动，帮助被孵企业优享网络中的多方资源。优享型联动策略典型案例分析单元是 A 孵化基地，A 基地拥有较为充裕的技术、市场和制度资源，能够利用较大的资源优势为创业企业成长提供必要支持，并能将自身拥有的多样化资源反向传输到内层网络中，从而为其他基地及在孵企业获取与利用资源提供协助与便利。例如，A 基地具有优越的硬科技创业资源，如多所高校、广阔的市场等。同时，A 基地距离总部较近，较大的区位优势使 A 基地一方面可以能够充分享受总部优越的辐射资源，如密集的投资机会、前沿的科学技术等，另一方面可以加强与总部的业务交互，为平台实现高效的跨区域孵化提供更多机会与可能。

优越的资源禀赋反映了 A 基地在全网资源联动过程中能够为其他基地和被孵企业提供充足的资源支持，即具有极强的资源输出能力。同时，较大的资源优势与较大的区位优势使 A 基地在资源联动网络中处于中心位置，极高的网络地位使 A 基地能够借助自身强大的影响力为被孵企业摄取大量网络中的优质资源，即具有极强的资源获取能力。极强的资源输出能力与极强的资源获取能力使 A 基地在资源联动的过程中更多处于主动地位。

第二，均衡型（较大资源优势—较小区位优势）。均衡型联动策略是指具有较大资源优势与较小区位优势的硬科技孵化器基地，在资源联动过程中，通过强化自身与总部及区域基地的深度互动与合作，实现资源供需的动态均衡。均衡型联动策略典型案例分析单元是 B 孵化基地，B 基地依托于城市较为完善的经济体系和服务功能，具有丰富的金融、科技、教育和制度资源，能够利用自身与当地政府、高校、企业的良好合作关系推进孵化基地间的交互发展。例如，B 基地利用本地的高校、科研及人才优势，帮助山东基地的创业企业寻求真正掌握核心技术、拥有战略发展视野的高水平人力资源。但由于 B 基地与总部距离较远，未能处于总部资源辐射的核心圈层，使得 B 基地一方面通过线上信息渠道，获取总部在资源供给与调配方面的支持，另一方面通过优势互补，与周边基地在资源联动方面开展频繁且紧密的合作，以此形成双环联动路径。

优越的资源禀赋表示 B 基地能够在联动发展过程中为其他基地开展业务提供有力的资源支持，即具有较强的资源输出能力。但受限于区位优势，B 基地在资源联动网络中处于较次中心的位置，较高的网络地位使 B 基地能够借助其在区域内的影响力为被孵企业汇聚部分资源，但与资源输出能力相比，B 基地的资源获取能力相对较弱。较强的资源输出能力与相对较弱的资源获取能力使 B 基地能够在资源联动过程中保持主动地位。

第三，依托型（较小资源优势—较大区位优势）。依托型联动策略是指具有较小资源优势与较大区位优势的孵化基地，在资源联动过程中，通过依托硬科技孵化器总部的资源辐射效应，实现网络资源的多元汇聚。依托型联动策略典型案例分析单元是 C 孵化基地，C 基地所在城市发展质量和发展水平相对较低，能够提供的金融、技术等资源相对较少。但较大的区位优势使 C 基地一方面能够依托总部的辐射效应开展孵化业务，另一方面还能凭借总部的支持作用，利用本地的比较优势资源更好地满足网络内企业在产品落地、生产方面的需求，从而提高本地优势资源的价值效益，在一定程度上缓解本地资源不足的窘境。C 基地距离总部距离较近，处于京津冀经济圈之内，能够吸引总部以及网络中其他基地的科技企业来本地做一些早期开模或后期量产方面的工作。

先天不足的资源禀赋使得 C 基地在参与孵化平台资源联动的过程中能够向外输出的资源较为有限，即具有较弱的资源输出能力。但较大的区位优势使 C 基地能够依托总部的辐射效应，努力为本地创业企业争取更多的外部网络资源，即具有相对较强的资源获取能力。较弱的资源输出能力与相对较强的资源获取能力使 C 基地在资源联动的过程中往往处于被动地位。

第四，汲取型（较小资源优势—较小区位优势）。汲取型联动策略是指具有较小资源优势与较小区位优势的孵化基地，在资源联动过程中，通过向总部与区域实力雄厚的基地靠拢，以此汲取更多的外部资源。汲取型联动策略典型案例分析单元是 D 孵化基地，较小的资源优势与较小的区位优势使得 D 基地自身具有较弱的孵育能力，能够为创业企业提供的资源种类较少且质量不高。同时，由于地理区位限制，D 基地与总部距离较远，能够借助总部资源枢纽作用获得的高质量资源也相对有限。在所属城市经济发展氛围、发展基础不能承载科技研发需求较大企业的情况下，D 基地更多是帮助网络中的硬科技创业企业解决落地生产方面的需求。

资源禀赋不足代表了 D 基地在启迪之星内层网络联动发展的过程中能够为其他基地及被孵企业提供的资源相对较少，即具有较弱的资源输出能力。同时，较小的资源优势与较小的区位优势使 D 基地在资源联动网络中处于边缘的位置，较低的网络地位使 D 基地能够为被孵企业获取有限的外部网络资源，即具有相对较弱的资源获取能力。较弱的资源输出能力与相对较弱的资源获取能力使得 D 基地在资源联动的过程中更多处于被动地位。

（2）硬科技孵化器基地资源联动策略选择

本节发现硬科技孵化器基地能够针对所处的不同位置属性（主动地位和被动地位），在多基地联动过程中选择合适的资源联动策略（如图 6.2 所示）。

正如前文所述，在多基地资源联动过程中处于主动地位的孵化基地偏好选择优享型联动策略和均衡型联动策略来捕获联动价值。优享型联动策略强调通过有效汇入与反向传输的双向联动，帮助孵化企业优享网络内的多种资源，以此提升孵化绩效。均衡型联动策略注重利用本地资源的同时借助总部辐射的作用，形成均衡发展的资源联动路径。尽管选择均衡型联动策略和优享型联动策略的孵化基地都更多处于主动地位，但选择均衡型联动策略的基地在尽可能地利用总部资源枢纽作用的同时，还注重加强与周边基地在资源互通与深化等方面密切联系，以形成双环相套的资源联动路径。

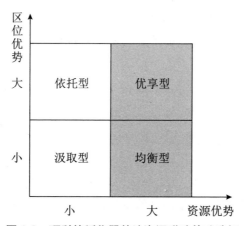

图 6.2　硬科技孵化器基地资源联动策略选择

注：灰色方框代表在资源联动过程中更多处于主动地位，

白色方框代表在资源联动过程中更多处于被动地位。

在多基地资源联动过程中处于被动地位的孵化基地偏好选择依托型联动策略和汲取型联动策略来捕获联动价值。依托型联动策略强调在挖掘本地优势资源的基础上，更多依托总部的资源辐射效应，积极探寻业务拓展模式。汲取型联动策略注重在探寻本地优势资源的同时，利用总部及区域实力雄厚基地的资源辐射效应，通过不断汲取优质资源捕获业务增长机会。尽管选择汲取型联动策略和依托型联动策略的孵化基地都更多处于被动地位，但选择汲取型联动策略的孵化基地受限于区位优势更加注重对本地资源的深度挖掘，提升自身的资源供给能力，并积极向区域标杆基地靠拢，从而不断扩充资源的储备空间。

在孵化器网络化发展模式转变过程中，越来越多的学者开始关注孵化网络的动态性与交互性，但现有文献缺乏对内层网络情境下孵化基地属性的复杂特征进行深入探讨，本节发现在硬科技孵化器多基地资源联动的过程中，孵化基地可以根据自身资源特点与区位属性，明确其在推进网络联动发展过程中所扮演的角色。这不仅从硬科技孵化器内部主体差异性的角度为实现内层网络情境下的资源联动提供了更加情景化的解释，同时也为后续学者研究内层网络发展结构优化问题提供了新的视角。

◉ 6.4 硬科技孵化器总部资源联动保障机制

启迪之星总部在内层网络资源联动过程中构建了信息共享机制、开放合作机制、协同发展机制、长远共赢机制来提高资源联动过程的运行效率。

（1）信息共享机制

为了帮助创业企业克服资源约束，实现资源在内层网络中的快速搜寻与有效获取，启迪之星总部在资源建构阶段构建了信息共享机制，具体如下。

第一，线上信息发布。启迪之星总部建立了孵化企业线上走访记录系统——足迹系统，各个基地会及时地将其被孵企业的发展动态与需求发布在数据库中。例如哪家企业需要资源，哪家企业需要外拓等。

第二，线下实地考察。打造品牌活动——创业行，带领创业企业去到孵化网络中的优秀基地或者有交叉业务的相关基地，满足企业成长过程中的资源需求。例如北京基地的企业需要深圳的资源，它就可以直接去深圳，与深圳基地的工作人员或者合作企业进行交流。

第三，组建交流平台。启迪之星总部不仅建立了全网的微信交流群，还按照行业、区域等属性建立不同的微信互动群，以此通过点对面的形式大幅提高网络资源的匹配效率。例如某个基地有项目需求，就可以通过招商互动群进行全网征集，有优质项目资源的基地就会积极响应。

第四，定期内部互访。启迪之星总部会定期举办基地走访与互动活动，如CEO俱乐部、创业行等，促使基地在相互联系的过程中加深对孵化网络资源状况的了解，从而更好地利用网络资源赋能硬科技创业企业。例如孵化基地在业务交流与合作的过程中，能够为孵化企业的产品推广选择合适的市场。

（2）开放合作机制

为了提高资源布局的优化性、促进资源的耦合发展，推动资源在内层网络中的合理部署与相互碰撞，启迪之星总部在资源编排阶段构建了开放合作机制，具体如下。

第一，完善飞地孵化。飞地孵化使硬科技创业企业能够利用网络中各基地的资源优势帮助自身有效地实现飞跃式发展。例如企业可以将研发中心设立在北京，这样使企业既能够享受北京优越的技术、政治优势，又能享受地方丰富的生产、政策等资源，以此推进网络资源的高效流动。

第二，联合承办活动。启迪之星总部引导各孵化基地联合承办创业活动，如高端创新发展论坛、人才创业大赛等，从而加强基地间的协作关系，推动网络资源的合理流动。例如在举办大型活动的过程中，区域内甚至全国基地的工作人员都会聚集在一起，从而借助活动促进基地工作人员之间的深度交流。

第三，分区精细管理。由于单个基地孵化实力相对薄弱，启迪之星总部在实施网络化发展战略的过程中，始终注重加强区域基地间的密切联系。例如京津冀、长三角、珠三角等区域均分别由一位副总经理进行管理，意在促进区域内企业在技术研发、市场拓展等方面开展密切合作。

第四，行业垂直对接。为了加深内层网络资源联动的深度，启迪之星总部通过组织垂直行业的加速营活动，促进资源的合理布局与协作发展。例如按照医疗健康、生物医药、智能硬件等产业发展的特点及需求，启迪之星将网络内的同行业企业或者一个产业链内的上下游企业聚集在一起，以此推动资源的优化组合。

（3）协同发展机制

为了实现创业要素的高效调配与整合，促进资源的交互融合与协调发展，启迪之星总部在资源协奏阶段构建了协同发展机制，具体如下。

第一，总部直属管理。启迪之星总部对各个基地具有直接管理的权力，通过统一协调与部署，实现网络资源的优化整合。例如启迪之星总部与下属基地的运营重心各不相同，各个基地主要的工作重点在于拓展业务，且每个基地都有一个管理团队，但核心权力是集中在总部的，由总部对各个基地进行统一管理。

第二，畅通内部渠道。在相互交织的内层网络中，启迪之星总部通过为资源调配建立快捷的内部通道，大幅提高了网络资源的调动与配置效率。例如创业资源通过启迪之星基地及被孵企业间的紧密联系能够实现有效流动，企业可以在北京成立公司，进行研发融资，到外地做业务等。

第三，树立全局观念。在实现网络联动发展过程中，启迪之星总部始终坚持全局理念，不断强化孵化实务工作人员的整体意识，引导基地间互通共享。例如在为创业企业提供孵化服务时，启迪之星会考虑创业企业成长的多阶段需求以及各基地的孵育优势，帮助企业适时到网络中的其他基地扎根发展。

第四，多向优势互补。启迪之星总部通过在一线城市、二线城市、三线城市建立多层次的网络体系，意在通过挖掘各基地的比较优势，利用内层网络资源调动这一桥梁，促进各基地的协作发展。例如启迪之星会将一线城市优越的科研、资本资源与三线城市丰富的生产、人力资源相结合，帮助企业更好成长。

（4）长远共赢机制

为了推进资源价值链条的延伸与应用边界的扩展，启迪之星总部在资源延拓阶段构建了长远共赢机制，具体如下。

第一，挖掘行业痛点。启迪之星总部立足硬科技创业企业的新兴技术和创新产品，旨在帮助传统企业进行生产与运营等方面的转型升级，解决传统企业的发展痛点。例如传统企业在流程改造、运营规范等需求就可以和创业企业的智能机器人、智能视觉识别化等产品与技术相结合，以此实现产业升级。

第二，平台背书支持。启迪之星总部通过不断强化平台整体的网络规模效应，利用其优越的社会资本为创业企业提供有力的信誉支持，以此加强硬科技初创企业与大型行业巨头的紧密联结。例如启迪之星作为背书支持，帮助被孵企业与华为、BP、中集、中车等大型产业集团建立了多层次的资源合作关系。

第三，承担多重角色。启迪之星总部引导各基地工作人员在帮助创业企业寻找技术原型落地场景时不仅要担任链接者与服务者，还要担任专业咨询与产品经理等角色，以此帮助企业在探寻客户诉求的基础上创新产品的解决方案。例如启迪之星在帮助创业企业与行业领头企业建立联系之后，还参与了产品验证及销售等环节。

第四，打造立体生态。启迪之星总部立足于线下相对完整的孵化网络体系，打造线上互联网镜像孵化创新体系，以此形成立体的创业螺旋生态。例如，启迪之星在兼顾创业企业发展、行业巨头升级以及地区经济增长的多方目标下，实现创新资源赋能产业转型、前沿技术带动经济发展的良性循环。

（5）硬科技孵化器总部资源联动保障机制内涵

在本节中，推动硬科技孵化器多基地资源联动过程的有序进行，关键在于促使资源建构、资源编排、资源协奏、资源延拓等行动的高效开展与紧密衔接。解剖好这一动态演化过程，就能够挖掘出硬科技孵化器多基地资源联动过程保障机制的具体内涵。本节发现硬科技孵化器总部通过在多基地资源联动的不同阶段构建信息共享、开放合作、协同发展和长远共赢四种机制，提高了多基地资源联动的效率。

在资源建构阶段，现有孵化网络领域研究认为，孵化网络中创业企业之间的资源共享有利于促进企业实现技术进步、加速市场拓展（Zhao et al.，2017）。硬科技孵化器总部通过构建信息共享机制，帮助创业企业有效探寻外部资源，提升创业企业的资源基础。在资源编排阶段，Sirmon 等（2007）强调资源本身并不能自动为企业赋予竞争优势，通过资源行动才能为企业创造价值，进而增强竞争优势。硬科技孵化器总部通过构建开放合作机制，打造合作共享的内部氛围，从而在推进资源优化布局与组合的过程中激发资源的束集效应，该结论呼吁了黄昊等（2020）的研究观点，明晰了硬科技孵化器内部如何实现资源布局、组合、匹配进而实现资源平衡的目标。在资源协奏阶段，硬科技孵化器总部通过构建协同发展机制，在不断强化自身资源枢纽功能的同时提高了资源整体的价值创造效应。相较于资源编排阶段强调的开放合作，资源协奏阶段更加注重资源在不同地区、不同企业、不同业务单元之间的高效互动与协同，从而利用内部网络实现硬科技孵化器多基地的协同发展。在资源延拓阶段，硬科技孵化器总部通过构建长远共赢机制，帮助创业企业延长资源在关键价值链条的生命周期，助力创业企业破解资源长远发展的瓶颈制约，从而打造产业与创业的共赢格局。

◉　6.5　研究小结与实践启示

本章聚焦"硬科技孵化器多基地如何实现资源联动"这一核心问题，选取北京启迪创业孵化器有限公司为研究对象，并以其下设的四个硬科技孵化器基地为分析单元，探究了硬科技孵化器多基地资源联动的过程与机制，有以下结论。

第一，本章对硬科技孵化器多基地资源联动的过程进行了解构，发现硬科技孵化器多基地在内层网络情境下的资源联动是一个复杂的动态过程，其中的关键行动包括资源建构、资源编排、资源协奏和资源延拓。在资源建构阶段，硬科技孵化器多基地在内层网络中的资源联动具体表现为资源搜寻与资源获取；在资源编排阶段，硬科技孵化器多基地在内层网络中的资源联动具体表现为资源布局与资源组合；在资源协奏阶段，硬科技孵化器多基地在内层网络中的资源联动具体表现为资源调配与资源整合；在资源延拓阶段，硬科技孵化器多基地在内层网络中的资源联动具体表现为资源深化与资源拓展。

第二，作为资源联动的参与主体，硬科技孵化器基地能够在资源联动的过程中基于自身的资源优势和区位优势选择合适的联动策略，从而在贡献优势、弥补不足的过程中更好地发挥孵化网络的联动价值。优享型联动策略是指具有较大资源优势与较大区位优势的硬科技孵化器基地，通过资源输出输入的双向联动，帮助被孵企业优享网络中的多方资源；均衡型联动策略是指具有较大资源优势与较小区位优势的硬科技孵化器基地，通过强化自身与总部及区域基地的深度互动与合作，实现资源供需的动态均衡；依托型联动策略是指具有较小资源优势与较大区位优势的孵化基地，通过依托硬科技孵化器总部的资源辐射效应，实现网络资源的多元汇聚；汲取型联动策略是指具有较小资源优势与较小区位优势的孵化基地，通过向总部与区域实力雄厚的基地靠拢，以此汲取更多的外部资源。

第三，作为硬科技孵化器的治理主体，硬科技孵化器总部能够在多基地资源联动的过程中构建信息共享、开放合作、协同发展和长远共赢四种机制，促进资源联动效能的有效发挥。信息共享机制包括线上信息发布、线下实地考察、组建交流平台、定期内部互访等方面；开放合作机制包括完善飞地孵化、联合承办活动、分区精细管理、行业垂直对接等方面；协同发展机制包括总部直属管理、畅通内部渠道、树立全局观念、多向优势互补等方面；长远共赢机制包括挖掘行业痛点、平台背书支持、承担多重角色、打造立体生态等方面。

硬科技孵化器多基地资源联动的形成过程与内在机制的有关研究成果对于硬科技孵化器有效利用网络化发展战略优化孵育增值功能、实现多基地的协同发展具有参考价值，具体如下。

（1）硬科技孵化器整体层面

第一，硬科技孵化器不仅要注重拓展孵化网络的布局范围，还要加强孵化网络联系的紧密程度，从而为硬科技创业企业快速获取、合理布局与深度整合资源创造条件。例如，硬科技孵化器在构建布局广泛的内部网络来提高网络资源丰富性的同时，还应通过不断优化网络结构促进硬科技孵化器多基地间的紧密联系，避免网络结构高度重叠导致的内部资源过度冗余或网络结构过于异质对内部资源交互产生的不利影响，以此兼顾硬科技孵化器网络化发展战略的实施进程与效率，帮助硬科技创业企业加速成长。

第二，硬科技孵化器应改变传统的资源直接供给孵化模式，通过构建紧密相通的内部网络，推进多基地间有效的资源联动，提高平台整体的资源布局与整合效率。例如，硬科技孵化器可以借助线上信息传递、线下沟通互访等方式促进信息共享，通过分区域、分行业的小规模垂直化管理方式增加企业资源互动的机会，并利用自身长期积累的声誉资源帮助被孵企业与大型产业集团建立技术与市场联系，推进硬科技孵化器多基地资源联动的频率与深度。

第三，硬科技孵化器在资源联动过程中要培育与不同资源联动关键行动相适配的资源能力，从而推进自身资源联动过程的有效进行，发挥更大的资源联动价值。例如，在资源建构阶段，硬科技孵化器要不断提升自身的资源供给能力；在资源编排阶段，硬科技孵化器要不断提升自身的资源配置能力；在资源协奏阶段，硬科技孵化器要不断提升自身的资源整合能力；在资源延拓阶段，硬科技孵化器要不断提升自身的资源重构能力。

（2）硬科技孵化器总部层面

第一，硬科技孵化器总部在资源联动的过程中要发挥自身强有力的监督治理作用，以此激发更大的资源联动价值。例如，在资源建构阶段，硬科技孵化器总部可以通过完善线上线下信息传递渠道、加强基地交流沟通等方式促进网络资源的互通共享；在资源编排阶段，硬科技孵化器总部可以通过创新飞地孵化模式、分区域内部管理等方式促进网络资源的优化配置；在资源协奏阶段，硬科技孵化器总部可以通过强化整体意识、挖掘基地优势等方式促进网络资源的高效整合；在资源延拓阶段，硬科技孵化器总部可以通过提供信誉支持、多重角色转换等方式促进网络资源的合理深化。

第二，硬科技孵化器总部在资源联动的过程中要不断完善自身的资源枢纽与资源辐射功能，使不同内容、不同来源、不同结构资源的重配与聚合更具灵活性、系统性与价值性。例如，硬科技孵化器总部应尽可能地将其拥有的优质创业资源衍射到处于网络边缘位置的孵化基地（如三线城市孵化基地），并促进不同所属城市孵化基地优势资源的互换与整合，以实现硬科技孵化器多基地的协同运营。例如，硬科技孵化器总部可以帮助被孵企业通过北京、上海等基地获得科研、人才资源，或通过山东、河北等基地获得生产所需的原料。

（3）硬科技孵化器基地层面

第一，硬科技孵化器基地在资源联动的过程中要根据自身的优势属性选择合适的资源联动策略，在提升自身资源基础、增强资源输出能力的同时不断优化自身在网络中的位置、提高资源获取能力，从而保持或争取资源联动发展过程中的主动地位，充分利用全网资源联动优势更好成长。例如，对于资源优势较小、区位优势较大的基地，在完善自身资源基础、促进本地的土地、人力等比较优势资源输出时，还应利用总部的扶持作用不断优化自身在网络中的位置，并建立资源定时输送制度促进外部网络优质资源的汇入，以此在参与资源联动过程中建构、编排的基础上逐步涉足资源协奏、延拓等阶段，提升自身孵育效力。

第二，硬科技孵化器基地要重视总部资源枢纽与区域标杆基地资源辐射的双重效用，从而提高自身的孵化效率。例如，对于与总部地理距离较远的基地，应一方面通过线上渠道借助总部资源枢纽作用推进本地孵化业务的有序开展，另一方面应加强与区域标杆基地在资源互通、整合等方面的密切联系，构建双环的资源联动路径。

第三，硬科技孵化器基地在利用网络资源拓展业务发展机会的同时，更要注重本地优势资源的深度挖掘。孵化网络结点的设立不仅要实现网络资源的高效输入，利用外部优质的信息及资源帮助本地被孵企业成长，还要推进本地优势资源的反向传输，以此保障孵化网络的运行效率。因此，硬科技孵化器基地在运营的过程中，要将本地优势资源、本地硬科技创业企业的资源及诉求挖掘出来并及时传递到网络中，促进网络资源及信息的有效交互及聚合。

第 7 章　硬科技孵化器
线上线下体系整合

随着互联网的快速发展，硬科技孵化服务逐渐从线下衍生出了线上的服务模式。线上孵化服务模式的出现，需要针对线下工作特点进行互补建设，借助互联网快速、准确、全面的优势，实现跨区域的资源调动和协调，从而保障创业生态系统中各组成部分形成有效、稳定的整体。近年来，一批基于互联网的创业虚拟孵化组织（又称虚拟孵化器）不断涌现，该类孵化器不依靠实体空间，克服了先建园区、再出租空间、后扩大园区规模等传统实体孵化器的缺点。但由于虚拟孵化器运营模式自身有缺陷、盈利机制不健全以及线上线下资源聚合不充分等弊端逐渐凸显，这对硬科技孵化器的长远发展和对创新创业的赋能作用带来了极大挑战（王康等，2019）。因此，本章将结合"互联网+"视角，在分析硬科技孵化器线上孵化实践，探讨硬科技孵化器如何实现"互联网+"的协调与配合，考察硬科技孵化器线上线下整合模式和实施路径的基础上，探讨硬科技孵化器如何实现"互联网+"转型，进而归纳硬科技孵化器线上线下整合模式和转型路径。

◉ 7.1　研究问题与方法

7.1.1　问题提出

随着"互联网 +"的兴起，传统硬科技孵化器逐渐开始从纯线下转变为线下与线上相结合的工作模式。现有研究一方面聚焦于线下实体孵化的运行机制、影响因素、绩效评价方法等，另一方面则开始关注纯线上的虚拟孵化模式，研究了其孵化特点、适用情景、运作模式等。然而，线上孵化作为一种新兴的孵化模式，少有学者关注其存在的问题及其与线下孵化模式之间的相互关系。由于孵化器硬件设施成本与使用率较低，孵化器对创业企业全流程管理效率有待提升，孵化器工作对接的标准化与规范性尚未完善，以及线下孵化的中心化等问题，线上孵化模式开始涌现。相较于传统的纯线下孵化模式，线上孵化能够促使硬件资源的高效调度与整合，有利于孵化工作的精准对接，是许多孵化器愿意花力气发展的方向。

已有研究指出，在线下方面，现有多数孵化器主要提供物理空间、基础设施、融资等服务，仍然主要依赖土地扩张承租为盈利模式（Zhao et al.，2017）；而在线上方面，孵化器主要提供银行贷款、基金申报、信用担保、投融资等服务（Josep and Prabh，2017）。但上述研究未能将实体孵化和虚拟孵化看作一个整体，缺乏从市场需求和互联网信息技术创新的角度对硬科技孵化器资源聚合方式的演进过程进行深入挖掘，这使得硬科技孵化器通过市场完成创新循环的能力始终无法实现。因此，探索"互联网 + 孵化器"资源聚合方式的演进过程及内在机制具有重要意义。

演化理论提出"个体随环境适应"的能力演进逻辑。那么硬科技孵化能力提升的来源是硬科技孵化器为适应竞争环境而选择的主动创新，还是由于外界环境变化而被动做出选择？此外，由于孵化器能否借助"互联网＋"构建以网络平台式支持的多元力量、多种模式、多种机制共同推动的全过程、多层次、立体化的孵化生态体系取决于孵化器的资源集成能力（Jarunee，2016）。因此，硬科技孵化器孵化能力的提升迫切需要高效的资源集成方案指导，创新资源聚合方式以应对竞争激烈的外部环境成为硬科技孵化器核心能力提升的关键。

当前关于硬科技孵化的研究主要集中在孵化成功和失败的影响因素方面，但硬科技孵化成功和失败的原因并非简单的对称关系就可以解释，如资源匮乏并不是导致孵化失败的主要原因（Francisco et al.，2015）。从社会关系的非对称特质看，硬科技孵化具有系统性和整体性，孵化要素之间的相互依赖关系显得更为重要，尤其是离散资源的流动需要破除生态屏障（Gema and Pejvak，2016）。然而，当前关于资源聚合方式对孵化器的影响研究较少，关于资源聚合能力的研究主要集中在创新绩效（Keld et al.，2020）、创新方式（Honget et al.，2019）、跨界经营（Geet et al.，2016）、企业价值链（Zhang and Gallagher，2016）、创新创业（Anet et al.，2017）等五个方面。在创新绩效方面，彭学兵等（2019）研究了创业资源聚合能力对新创企业绩效的影响，认为在效果推理的柔性逻辑下开展创业资源内聚更能刺激新创企业提高绩效，而柔性逻辑下开展创业资源耦合则会阻碍新创企业绩效的提高。在创新方式方面，Xu（2015）研究了知识广度与突破式创新以及知识深度与渐进式创新之间的非线性关系，指出知识广度和深度分别对突破式创新和渐进式创新效果有显著的正向影响，但两者的关系均存在收益递减现象。在跨界经营方面，Chen 等（2018）构建了技术创新跨界并购聚合的马尔可夫博弈模型，发现当资源相似度较低，而互补性较强时，收购者应采取较低的资源聚合度。在企业价值链方面，王国红等（2020）发现在企业的不同发展阶段，资源识取和配置交替发挥主导作用，并通过链式递进来促进企业价值链的初始定位和后续的动态价值链延伸。在创新创业方面，Robert 等（2019）认为虽然新创企业必须通过聚合资源来构建创新边界，但由于其往往缺乏资源所以被迫选择利用其他行动者的资源，该策略优势在于资源获取付出的成本少，而新创企业对外部资源的渗透缺乏控制。

然而，这些理论视角和研究对象将重点放在了企业所处的外部环境，忽略了企业技术创新能力具有阶段性和路径依赖性的重要事实，进而不能解释相同情境下企业技术创新的差异现实。内外权变视角的整合有助于更加深入地理解企业资源聚合方式演进路径的实现机理。"互联网＋科技孵化器"的另一重要特征就是对资源的跨层次整合、资源链接的广泛性以及人性化等。然而，阻碍内外部权变视角整合的关键是战略管理中的"选择—适应"争论观点和演化理论认为的"个体随环境适应"的能力演进逻辑在假设方面存在矛盾。两种理论相悖的本质在于"互联网＋"下的资源聚合演进是企业主动选择还是被动适应？关于这一问题的探索需要借助对案例对象的细致观察，才能弥补技术创新背景下的硬科技孵化器资源管理研究领域这一缺口。

基于以上分析，本章将基于资源聚合、技术创新动态能力以及演化等理论，以洪泰智造为纵向案例，在分析线上硬科技孵化体系的基础上，通过分析该硬科技孵化器的资源聚合方式演进过程，尝试揭示硬科技孵化器资源聚合创新规律。

7.1.2　研究方法与案例选择

本章采用田野调查和纵向单案例的研究方法，采用田野调查方法剖析洪泰智造线上孵化服务体系以及作用机制，采用纵向单案例研究方法探究洪泰智造如何实现"互联网＋"转型，进而通过线上线下整合来提升硬科技孵化所需的资源集成能力。具体如下。

（1）田野调查研究方法

田野调查研究方法是来自文化人类学、考古学的基本研究方法论，即"直接观察法"。此方法有利于从更加细致、深入的角度去研究线上的硬科技孵化体系。研究过程包含了五个阶段：准备阶段、开始阶段、调查阶段、撰写调查研究报告阶段和补充调查阶段。洪泰智造的线上孵化体系相对比较成熟，包括"凌波系统""补贴易"和"鲁班院"三个部分，应用广泛且取得了良好的成效，满足了研究对象选择的特色性、代表性和特殊性原则。研究对象和地区选定之后，研究团队开始了正式调查，包含"参与观察"与"深度访谈"，团队成员每天记录和整理在洪泰智造的调研笔记，同时兼顾调查、整理和反馈。并在之后的研究过程中不断提炼、完善相应的线上孵化体系模型，对欠缺或存在分歧的材料进行不断补充，直至达到饱和。

（2）纵向单案例研究方法

本章聚焦于"'互联网＋硬科技孵化器'的资源聚合演进过程"这一研究主题，目的在于探索"互联网＋"下的硬科技孵化器如何进行资源聚合，属于回答"how"的问题范畴，因此适合采用案例研究方法。其次，现有文献缺乏基于硬科技孵化器成长过程的动态视角对其资源聚合的演进过程进行探讨，纵向单案例研究方法有利于展示现象随时间变化而变化的过程，通过对现象细节的描述揭开理论黑箱，进而发掘现象背后隐含的理论机制。此外，单案例研究方法能够提炼复杂现象的规律、捕捉和追踪管理实践中涌现出的新现象和新问题，从而有助于更加全面了解案例历史信息、保证案例信息的完整性以及案例研究的深度，通过对案例企业关键事件进行排序，有助于识别案例发展过程中的因果关系，提高内部效度。

本章选择我国硬科技孵化器的标杆——洪泰智造为研究对象，原因如下。

第一，代表性。洪泰智造于 2011 年成立，2015 年被评为国家级科技孵化器，现已发展成为我国硬科技孵化的代表性孵化器。洪泰智造以推动"中国制造 2025"国家发展战略为使命，定位于全球领先的智能制造产业服务平台，构建了全流程、全要素、全生命周期的深度产业服务体系，着力培育新型智能终端。洪泰智造在较短时间内实现了从建立到快速成长的蜕变，能够较好地代表硬科技孵化器成长的成功实践。

第二，启发性和特殊性。选择硬科技领域的重点行业——智能制造行业的孵化器对于我国硬科技孵化器的创新和"互联网＋"下的科技强国建设都具有启发性和特殊性。洪泰智造的启发性和特殊性表现在以"互联网＋"驱动的孵化器资源聚合核心技术创新突破了传统实体孵化模式，形成了线上线下资源聚合网络结构。洪泰智造成立于"大众创业，万众创新"的国家战略实施期，既经历了 2015—2016 年创业氛围迅速提升、孵化器快速增长的激烈竞争阶段，又经历了 2019—2020 年美国对我国企业打压的优质资源匮乏和经济环境动荡期。洪泰智造能够在如此复杂且竞争激烈的环境中脱颖而出，离不开其资源聚合创新的实践。洪泰智造的资源聚合网络结构既不同于传统高新技术创业服务中心为代表的实体孵化，又不同于以网站、微博、微信等互联网平台式为基础的虚拟孵化，而是呈现为以网络平台式支持的多元力量、多种模式、多种机制共同推动的全过程、多层次、立体化的生态体系。洪泰智造"互联网＋"转型过程中主要事件梳理如图 7.1 所示。

7.1.3　数据来源

本章采用文献和档案记录收集、现场观察和非正式访谈、问卷调查、半定式访谈等数据收集方法。

第一，文献和档案记录收集。通过洪泰智造的官网了解基本情况和发展历程，通过搜索引擎、专利数据库和知网数据库搜集获取洪泰智造的相关文献、新闻和专利情况。在档案记录收集方面，对洪泰智造的年报、制度手册、员工工作手册、对营销部门、管理层讲话、企业代表者的宣传讲话等材料进行搜集和整理。

图 7.1　洪泰智造"互联网＋"转型过程中的关键事件

第二，现场观察和非正式访谈。清华大学经济管理学院杨德林教授团队在 2014 年洪泰智造创立初期就与其管理层及其团队进行了密切接触，建立了良好合作关系。该团队多次参观了洪泰智造创新馆，对洪泰智造发展历程进行了解。该创新馆展示了洪泰智造在发展过程中的技术研发成果，通过每个技术的产品及其获奖的展览，向参观者传达了洪泰智造的创新理念。此外，研究团队还参观了洪泰智造孵化工场研发中心、创新实验室、孵化社区研发中心等部门。在每次参观过程中，都与相关管理人员、被孵企业管理人员以及技术研发人员进行交流，深入了解了洪泰智造管理者对过去、现在、未来等阶段的技术创新故事和思考，对其发展过程中的资源聚合重构拥有丰富的一手材料和经验积累。

第三，问卷调查。研究团队针对洪泰智造管理层和非管理层员工设计了两份调查问卷。第一份"资源聚合能力影响因素及其创新能力评价"的调查问卷，该问卷的调查对象为洪泰智造管理层和被孵企业管理人员。其中选择的对象为在其他孵化器有任职经历的洪泰智造管理层人员。第二份"资源聚合的实现路径及获得效果"的调查问卷，该问卷针对洪泰智造普通员工，具体调查内容为战略创新能力、组织能力、资源质量、制度效果以及资源搜寻等。调查问卷结果显示洪泰智造在资源聚合、互联网技术利用程度、员工创新积极性以及客户认可度等方面的能力较为突出，获得效果较明显；在互联网技术创新及其资源聚合能力方面，系统开发人员的数量较少，来源渠道较窄，但其资源聚合能力、知识分解和消化能力突出。

第四，半定式访谈。由于半定式访谈回收率高，且能对受访者的态度行为进行观察，弥补了调查问卷的有关访问物件的许多非语言信息和受访者明显的随时间演变的缺点。研究团队分别在 2018 年 3 月、2018 年 8 月、2018 年 11 月以及 2019 年 2 月对洪泰智造的北京、成都、天津、南昌和西安等基地的相关工作人员进行了半定式访谈，访谈共计为 18 次，访谈对象包括最高管理层、项目部总经理、网络系统开发和推广人员、服务对象搜集人员、资源、国际部经理、已毕业企业的管理者等，共计 49 人，每个对象访谈的平均访谈时间为 1.5 小时。具体访谈对象及内容如表 7.1 所示。

表 7.1　访谈对象及核心内容

访　谈　对　象				对应的访谈焦点		
职　　务	人数	具　体　职　能	任职年限	资源聚合演进	内部驱动	外部驱动
总裁	1	与各部门协同制定战略	0~7 年	√	√	√
副总裁	3	孵化器战略制定和执行	0~7 年	√	√	√
项目部经理	3	技术研发管理和项目决策	1~5 年	√	√	√
网络系统开发人员	17	技术研发和系统模块设计	0~4 年	√	√	√
网络技术推广人员	5	网络技术的选择和推广	1~5 年	√		√

续表

访 谈 对 象				对应的访谈焦点		
职　　务	人数	具 体 职 能	任职年限	资源聚合演进	内部驱动	外部驱动
服务对象搜集人员	6	搜集有潜力的被孵企业	0~7 年			√
国际部经理	2	国际市场服务需求和推广	1~4 年			√
已毕业企业最高管理者	12	已毕业企业的战略制定和运营管理	0~3 年	√		√

◉ 7.2 硬科技孵化器线上孵化实践

7.2.1 线上孵化体系存在的问题

尽管伴随"互联网＋"的主流趋势出现的线上孵化模式确实解决了一部分原有线下孵化体系存在的缺陷，但现阶段孵化器在搭建及运营线上孵化体系时，仍存在一些问题，主要表现如下。

第一，过于放大线上孵化的作用。部分孵化器将线上孵化体系作为主要的孵化模式，过于强调线上的整合，摒弃了线下的孵化工作。事实上，除了极少孵化领域，如软件服务行业以外，大部分的创业领域，尤其是以智能制造为主的创业孵化活动，很多工作仍然是线上孵化不能完全取代的。单纯发展线上孵化有悖于提供深度孵化服务的目标，容易造成孵化链条的环节缺失，导致阶段性创业瓶颈的频繁出现。此外，即便是某些不依赖于硬件设施的创业企业，线下的沟通仍旧有着不可替代的作用。

第二，线上线下孵化工作分离。尽管不少孵化器同时开展了线上与线下的工作，但两种孵化工作体系之间相互割裂，没有形成有机的互动。将孵化实务工作进行线上与线下的两极化分离是非常困难的。此外，线上与线下的孵化模式有着各自的特点，在创业企业孵化的全流程中，一方面需要两者之间相互协调和补充，一方面要求在线上与线下模式的交互过程中相互配合与衔接。因此，做好线上孵化工作，还需要平衡线上与线下工作之间的权责问题，形成相互补充、相互完善的体系，并保证两者之间的顺畅配合。

第三，线上孵化不够深入、流于形式。随着"互联网＋"的出现，一大批线上孵化器快速出现，表现出了"追数量、缺质量"的问题。一些以线上孵化为主要孵化模式的孵化器对创业者提供的商业模式辅导、市场项目筛选、融资渠道等却很有限。此外，一些地方无论是鼓励政策、补贴措施，还是所谓的大数据分析应用，往往是主管部门有什么样的明确要求，孵化器就相应的设计什么样的路，没有因地制宜的措施和细则，结果造成了地方财政对线上孵化工作投入的资金不少，但起到的创业帮扶效果却很小。

综上可知，线上孵化模式作为一种新兴的创业孵化体系，应该从实际出发，在深入扎实的调研基础上，引导、扶持创新创业，尽量减少拍脑袋工程，线上孵化机制也需要依据实践经验，"谨慎"创新、"渐进"创新，建立规范的线上孵化引导、指导、督导和评价机制。

7.2.2　硬科技孵化器线上孵化体系构成

洪泰智造不断迭代、发展出一套较为完整的线上孵化体系，能够较为有效地缓解上述提及的问题。洪泰智造的线上孵化体系主要包含"凌波系统""补贴易"和"鲁班院"三个部分。

（1）凌波系统

凌波系统是洪泰智造为智能制造领域创业者专门打造的一套项目开发管理工具，凌波系统使智能制造领域的创业经验能够得到最大程度的复用，极大地推动了创业全流程的发展，系统所管理的制造服务已覆盖制造行业所需 90% 的工艺。目前为止，洪泰智造的凌波系统已经累计服务企业近 3000 多家，该系统还累计申请了发明专利及软件著作权近 30 余项，基于该系统所提供的技术服务，洪泰智造在 300 余家企业持股价值超过 4000 万元。此外，该系统也已被科技部列入重大专项课题。凌波系统主要开展了如下工作。

第一，基于中小企业特点的项目开发流程自动导航。"项目开发管理"模块将一个产品从创意到量产划分为六个阶段，每个阶段设置了对应的标杆任务。阶段和标杆任务共同构成了一个项目的研发路线图，创业者即使没有项目管理经验，也可以通过该路线图顺利完成产品的研发规划。

第二，项目开发规范的设立和应用。集合了行业数百位资深技术专家，分别就产品开发过程中常用的技术文档模板和各种设计规范，如 ID 设计、结构设计、电路设计、供应链管理等相关内容，撰写了数百份标准文档模板和技术规范，工程师即使经验不足，没经过大公司规范的训练，只需要按照模板填写，按照技术规范设计，也可轻松完成符合行业规范的文档。

第三，项目开发的溯源与权责划分。基于凌波系统的项目管理模块，每个任务都需要对应的输入和输出文档，每个任务的输出文档都需要经过审核才算完成，每个阶段都需要审核通过才能进入下一个阶段。对个人来讲，每个工作都需要留痕，每个任务都需要审核，这就意味着公司不用担心某些员工离职而导致工作从头再来，从而大大降低人员流动给项目开发带来的损失，加速员工流动时的工作交接过程。

洪泰智造的凌波系统并非是平地起高楼，而是不断实践的结果。早期的洪泰智造团队发现，已有的项目管理系统往往来源于比较成熟的大型企业，参与的跨职能部门较多，但确实能起到相互协同配合、制约并降低系统风险的作用。但这种大型企业的内部项目管理系统并不适用于智能制造创业企业，一方面创业企业不具备那么多的部门和相应的人员配置，另一方面，创业企业往往从战略到执行的过程中存在很多不确定性，按照严格的流程来管理既繁琐也不易实现。在发现了行业问题后，洪泰智造依托项目管理的专家团队、在不同省市建立的智造产线、实验室和公共技术服务平台等建立起了凌波系统，致力于服务"重度孵化"的全流程。借助凌波系统将部分研发、产品检测与认证服务、生产制造、品质管理等工作转移到了线上，并将北京、成都、南昌、厦门、珠海等城市所建设的智造工场和实验室进行了跨地域整合。这套系统很好地保留了不同实体孵化地区的服务侧重点，例如北京侧重 SMT 组装、生产，成都侧重于可靠性、稳定性测试，南昌侧重于快速成型系统、配备最新 3D 打印机、CNC 雕刻机。得益于凌波系统的线上整合，洪泰智造不仅免去了在每一处实体孵化器重复建设和配备基础硬件，而且这样还能更有侧重地结合地区特点有所倾向地构建实体孵化器。

（2）补贴易

创业企业在面临资源紧缺时，政府政策补贴是可以提供支持的重要因素。针对政策补贴，洪泰智造开发了一款基于人工智能和互联网技术的政策评估及辅助申报系统——"补贴易"，在帮助智能制造创业企业了解和熟悉各类政策门槛、流程的同时，推动智能制造创业企业快速高效地进行申请。目前已经应用到了全国近 30 座城市，累计注册企业近 4000 家，为企业申请补贴额度合计超 5000 万元。补贴易主要开展了如下工作。

第一，建立政策资源库。补贴易会根据预先设定的种子网站，抓取种子网站中的政策文件数据，并对抓取的政策文件数据进行数据清洗得到相应数据。随后，对清洗后的数据按照预设的条件，例如类别、区域、发文时间和发文单位，进行分类存储，建立所属政策库。这种政策库还具有遴选机制，会有针对性地去除与政策不相关的内容或无效内容，尽最大可能保留有效数据。

第二，实现智能制造创业企业需求与政策的匹配。补贴易解决了各类型政策杂而乱、难寻找、政策与用户信息不对称的问题，提高了政策使用的时效性，降低了申报难度。借助政策资源库的分类，帮助创业企业更快速便捷地寻找相关的政策。此外，补贴易还能通过回答创业企业问题的方式进行政策匹配，帮助用户了解政策与申报。根据接收到的与政策相关的问题答案与预先建立的政策知识单元中的问题答案进行对比并计算出所述政策的匹配度，进而更好地满足智能制造创业企业的政策匹配需求。

第三，保证政策的及时追踪与更新。每隔一段时间，补贴易就会爬取全网的最新政策数据，对原来建立好的政策库进行更新，将抓取的政策文件的政策编号与名称同政策资源库内的原文件群进行匹配排重，删除类似文件，添加新的文件。补贴易还会通过自动分流的方式将不同类型的政策原文件分配给补贴易的内部工作人员，借助人工的方式更进一步的挖掘政策文件周边的解读数据，从而将有效的政策解读一并计入政策资源库内。

（3）鲁班院

智能制造领域的创业不仅要求企业能够为技术或产品开拓新的市场应用情景，还要求创业企业能够在对传统制造业进行改良升级的过程中谋求自身发展。在产业对接方面，洪泰智造结合互联网，打造了"鲁班院"线上孵化体系，目的在于帮助智能制造创业企业实现产业落地，搭建创业企业与传统企业间的沟通桥梁，让创业企业与传统企业实现深度融合，在创新、技术、资源等方面实现深入对接交流。鲁班院主要开展了如下工作。

第一，基于互联网平台对智能制造领域的资源进行了更为细分的整合与聚合。为谋求长远的竞争优势，洪泰智造与多方地方政府合作，结合产业发展规律，打造了互联网交流与沟通平台，以智能制造行业的企业为整合对象，对生产要素的采购、产品的加工生产以及产品销售的整个体系进行了平台化的调整，并按照行业进行了细致的划分。在这个基础上，回答了影响智能制造创业企业与传统制造类企业进行合作的两个问题，即后者能为前者提供什么，前者要为后者做些什么。鲁班院的线上聚合机制将传统制造业企业的设备能力、生产资源、供应链情况、销售网络、售后服务体系、市场占有情况等进行了梳理，为创业企业提供了更加多元化的产品应用情景，也将传统制造业企业的需求进行了整合，梳理出了洪泰智造内部创业企业的工业信息化能力、技术储备、产品名录等，这为双方的合作与发展提供了扎实的基础。

第二，促成智能制造创业企业与传统制造企业之间的全链条协同。在有了一个良好的合作基础之后，鲁班院也推动了智能制造创业企业与传统制造业之间的深度合作。这种合作具有"全链条性"，包含两种合作类型：其一是智能制造创业企业借助传统制造业更快的推进涵盖从基本技术支持到产品设计与量产、供应链共享再到销售网络同步的所有流程；其二是在传统制造业的转型升级过程中推动智能制造创业企业产品的应用场景开发，涵盖了从需求引导、技术方案设计到实际应用与反馈的全部过程。洪泰智造的鲁班院还以平台化的思维，通过对鲁班院内大量创业企业的数据分析，提炼了多项生产制造方面的问题，发现尽管我国许多具有一定规模的企业都已采用了大数据系统对生产进行管理，但其实际工作效率却没有得到明显提升。而洪泰智造内部不少被孵企业的业务就致力于对不同国家或公司的系统进行兼容性调试，通过打通数据格式，将这些数据库与传统制造企业自身的库存体系、财务体系进行融合。

第三，需求的创造和再引导。不少传统制造业运营的背后少不了国家层面的支持，这可能在一定程度上导致其对自身企业发展认知存在局限性且技术创新动力不足。鲁班院将大量的智能制造创业企业引入传统制造企业的生产环境中，主动的刺激、创造这些创业企业的需求并加以引导。以制造领域的数据服务为例，一个小型汽车制造公司，每天大概能产生 1PB

的数据，如果仅通过人工对这些数据进行决策和处理，其效率非常低下，洪泰智造在为这些创业企业提供数据处理服务的基础上，还挖掘了其数据分析与生产自动化的需求，链接了内部专注于智能制造自动化的创业企业，主动赋能传统制造企业实现生产过程的自动化。因此，洪泰智造通过鲁班院线上服务的方式，一方面将线下的问题场景整合到线上，为创业企业提供了一定的应用空间，另一方面也促成了传统制造业的二次创业，从而实现了线上与线下孵化工作的有机结合，使得线下工作有了更大的灵活性，线上工作也有了更扎实的实体支撑。

此外，鲁班院也是洪泰智造线上孵化体系不同于其他孵化器线上孵化体系的一个重要部分。鲁班院的构建可以说是起源与发轫于线下，是线上线下相互结合、支持和互补的代表。鲁班院实现了为传统制造业企业进行智造的顶层设计的目标，将信息孤岛打通，同时为传统制造企业引入了传感器等感知设备，实现了底层生产制造工作的自动化。事实上，智能制造创业企业与传统制造企业的合作仅仅依赖于线上是完全不够的，在确立了基本的合作框架以后，洪泰智造的专项指导团队会陪同双方到企业进行了长期的实地考察、对策讨论、需求挖掘、合作方案商榷等工作，洪泰智造依托鲁班院将线上与线下有机结合起来，形成了一个独特的"智造"网络，从而更好地服务于智能制造领域创业活动的孵化和发展。

7.2.3　硬科技孵化器线上孵化作用机制

对于智能制造领域的创业活动而言，从资源获取到政策利用，以至项目管理、市场开辟，都面临不少的问题，对于智能制造领域的孵化工作而言，降低运营成本、提升孵化成功率、加速创业企业成长，是孵化器可持续发展的重中之重。洪泰智造的线上孵化体系较大程度地解决了上述问题，取得了显著效果，其中主要有三方面的作用机制。

（1）主导机制

洪泰智造的线上孵化体系实现了对创业活动全流程的管理和引导。主要包括如下方面。

第一，对被孵企业创业活动的主导。不少创业企业缺乏相关的创业经验，借助凌波系统这套项目开发管理工具，洪泰智造实现了对创业流程、产品开发工具、文档沟通格式等的规范化、标准化管理，通过搭配定制化项目服务团队的方式，参与了创业企业产品开发及商品化的进程，从而帮助创业企业解决"从无到有，不知如何做出好产品"的技术问题，提高孵化成功率。这种全流程的线上指引能够帮助创业者提高发展的预见性，使得创业活动的进程更加清晰和明确，也会在创业企业的未来发展路径上协助创业企业进行决策。

第二，对创业企业业务动态的主导。结合长期的研究和实践经验，洪泰智造认为制造业企业转型对于智能制造领域的创业企业而言是一个需求巨大的蓝海市场，然而，随着人口红利的逐渐消失，世界工厂重心逐渐开始了新一轮的转移，创业政策也发生了适应性变化，这个过程中产生的制造问题为创业企业提供了巨大的市场，例如制造精度缺失、业务集中于中低端产品、制造能耗高、生产效率低下、大规模定制的缺乏等。由于制造业独特的、相对封闭的生产运营环境，尽管上述需求的解决在极大程度上都依赖于智能制造，但却很难被创业企业深刻认知和发现。因此，洪泰智造借助鲁班院线上平台，主导了上述需求与创业企业的业务之间的链接，极大地拓展了智能制造创业企业技术或产品的应用前景，这在一定程度上也主导了智能制造创业企业的未来走向。

（2）推动机制

洪泰智造的线上孵化体系实现了对创业活动各阶段的推动和驱策。主要包括如下方面。

第一，通过对硬件资源的高效调度、整合，减少创业活动中的阻力。

借助凌波系统，洪泰智造有效链接起了创业企业、孵化器、产业联盟、大学、政府之间的硬件资源与需求，使得硬件资源的分布和使用得以可视化。这不仅提高了硬件资源的使用率，增加了资源使用的内部性，还提升了网络效应，使得孵化器的运营成本得到降低，从而也能够为创业企业提供更加有效、可靠、低廉的资源使用成本。这种机制能够使孵化器中的资源调度变得更加快速合理，创业企业的需求变得更加透彻、清晰且更容易得到快速的响应，最终以减少创业活动阻力的方式推动了创业进程。

第二，提升了孵化实务工作的规范性。线上孵化工作的开展，引入了计算机技术，使得整个创业活动有了标准的行动规范。对于显性化的知识，在形成文本资料以后，能够在孵化器内部和行业中进行有效的流通，有利于快速学习和应用。且规范的对接工作能够有效降低沟通的时间与机会成本，减少因为理解偏差所带来的不必要损失，有利于形成更加明确的权责划分，这在一定程度上提高了创业企业员工的工作积极性，提升了创业活动的效率，从而推进了创业进程。

第三，对项目时间节点进行有效管理。基于凌波系统的项目管理模块，被孵企业在创业活动过程中的每个任务都需要对应的输入和输出文档，凌波系统还为创业企业设置了从项目概念验证、开发计划到打样、试产、量产的全周期远程可视化项目交付标准与项目控制的时间节点。据统计，凌波系统内深度服务的创业企业均可在 6 个月之内完成 0-1000 的原型机产品化过程，这使得创业过程得到了极大程度的推动。

（3）保障机制

洪泰智造的线上孵化体系实现了对创业活动全方位的保障和支持。主要包括如下方面。

第一，技术方面的保障。借助线上孵化体系，洪泰智造实现了技术支持范围的拓展与支持力度的增强。事实上，除硬件设备以外，通用技术、辅助技术等技术层面的资源对于创业企业更为重要。洪泰智造将这些技术资源集中在云端，不仅使得基于跨界的产品应用场景多元化变得更为容易实现、创新创业机会变得层出不穷，而且还能够通过"互联网+"、云计算对技术进行挖掘、积累、交换、分析与运用，以此促成内部创业或二次创业。

第二，人力方面的保障。无论是对于硬科技孵化器还是硬科技被孵企业而言，技术骨干的人力成本均较高，且产品从原型机到量产过程中的技术需求也是碎片化的，往往某一项技术不可或缺，但使用的时间又较短，线上孵化的模式能够提高技术资源的通用率，促成技术团队的众包，为硬科技孵化器和硬科技被孵企业降低人力成本。基于凌波系统的线上管理能够有效提炼和积累创业者的经验、方法，以流程图的形式沉淀并在孵化企业内部进行扩散，从而避免了创业企业员工突然辞职所造成的接替者困境，减小了创业活动的被动性，实现了创业企业人力方面的保障。

第三，政策方面的保障。借助网络虽然能够及时发布相关政策，但由于各种政策的类型不同、发布时间不同、所属管理部门不同，造成这些政策分布非常分散，使得创业者需要花费大量的时间和精力来寻找政策，在寻找到相关政策后还需花费大量的时间来验证这些政策是否为最新的政策，最后还需要花费大量的精力来解读这些政策。借助补贴易系统，洪泰智造能够提高用户了解政策及申报的实时性和准确性，通过设计政策匹配方法，根据接收到的与政策相关的问题答案与预先建立的政策知识单元中的问题答案进行对比，从而给出所述政策的匹配度。这解决了政策信息与用户了解信息的不对称、时效性不高、申报难度大等问题，实现了政策与用户及时且有效的匹配，从而在政策方面为智能制造创业企业提供有力保障。

◉ 7.3 硬科技孵化器线上线下体系整合机制

在洪泰智造成立早期，由于核心能力的缺乏导致孵化服务质量和市场需求间的供需不平衡矛盾，如孵化器增值服务能力不足、盈利模式单一、过度依赖政府补贴等。为此，洪泰智造采取以"模仿＋并购"为基础的垂直资源聚合模式。虽然科技园区的兴起为硬科技创业孵化提供了坚实的物质载体，但创新主体仅仅实现了物理空间集聚，并未真正实现协同发展，表现出明显的高空间内聚特征和低内容耦合的怪相（Maura and Rodney，2008）。因此，洪泰智造开始转变为以实体孵化为主，虚拟孵化为辅的横向资源聚合阶段。伴随着孵化网络中汇聚资源的不断增加，孵化器、外部环境以及孵化企业之间的矛盾日益凸显。于是洪泰智造又转向以"互联网＋"为核心的创新引领。借助"互联网＋"的跨界融合、开放包容、驱动创新以及重塑结构等特征进入了以线上线下孵化协同发展的平台式资源聚合阶段。随着互联网的快速发展，特别是线上线下资源聚合能力的显现，洪泰智造的原始创新也得到了进一步巩固和加强。

（1）以"模仿＋并购"为基础的垂直资源聚合

当孵化器仅靠自身力量无法实现资源聚合时，通过观察行业中的标杆企业并进行模仿可能是一条实现发展的有效路径。从创新基础角度看，模仿成功率较高且投资风险较低（Maura and Rodney，2008）。因此，通过获取、消化、模仿已有孵化器的资源聚合模式是后发孵化器实现追赶超越的基础。从知识吸收角度看，模仿不但能帮助初创孵化器实现快速创建，同时可以通过递增效应实现技术和人力资本的积累（Nuruzzaman et al.，2019）。另外，被孵企业在初创期除了需要国家的相关政策扶持外，还需要吸引风险投资公司与天使投资人的外部金融支持。这些金融机构虽然能为被孵企业提供资金、管理以及运营指导等支持（Egle and Petra，2019），但其基础孵化能力较弱（Kwon et al.，2020）。鉴于此，洪泰智造管理层决定在创立孵化基地的基础上成立洪泰智造基金，以配合实体孵化，提高被孵企业成活率。

在此阶段，洪泰智造围绕高新技术创业服务中心的传统孵化器资源聚合展开，并面向全球搜寻具有发展前景的硬科技创业企业，为其提供孵化场地、物业管理、投融资、市场开拓、发展咨询、企业管理、员工培训、财务管理、法律和政策咨询等服务。由于此时的洪泰智造并没有自身的核心竞争力，因此其管理层开始对外寻找合作伙伴，2014 年 11 月采用兼并方式收购了我国众创空间及联合办公领军者——优客工场。实际上，洪泰智造在此次收购过程中并没有损失很多资源，而是利用自身较强的管理能力使孵化器盈利。同时，洪泰智造管理层对自身的核心竞争力深感焦虑，2015 年 3 月通过对市场进行深入调研，发现国内市场对专业孵化器的需求较大，国家相关扶持政策也不断出台。该信息引起了洪泰智造管理层的高度重视，在进行了充分的市场调研之后，洪泰智造决定坚持做智能制造产业孵化器的目标定位，注重客户群体特征和创新需求，并在此基础上，洪泰智造决定加大投资并吸引更多的高水平技术人员。采用创立基金和智造工场相结合的策略，以期通过技术吸收、管理理念引进、创新知识消化和战略实施等一系列行动提高资源聚合能力。

在设立基金方面，2014 年 3 月由洪泰智造创始人俞敏洪、盛希泰和乔会君等三人联合发起成立了"洪泰智造基金"，总规模 10 亿人民币。该基金是全球第一支专注硬件制造的天使基金，选择以人工智能为核心，围绕新一代智能终端和智能制造产业对关键技术、关键部件、共性平台等方面的硬科技创业企业进行早期投资。通过对被孵企业的技术实力进行全方位判断，帮助其找到有效突破技术壁垒的关键点。在被孵企业中，洪泰智造通过技术和现金两种方式进行参股。在技术参股方面，通过其工程师团队为硬科技创业企业提供深度的技术咨询服务，解决企业技术难题，将技术投入转化为技术参股；在现金参股方面，则通过孵化基金直接进行现金投资参股。

在孵化基地方面，2015 年 3 月，洪泰智造首先在北京建立了智造工场，同年 8 月又在成都和天津建立了智造工场，2016 年和 2017 年分别在美国旧金山、硅谷、南昌以及西安等地建立了十余个智造工场。目前，这些工场已具备工位、办公设备、实验室、制造产线、物料及元器件、创客公寓等基础设施，能够提供技术、生产、投融资等方面的增值服务。与传统工厂相比，洪泰智造工场专门搭建了针对智能硬件创业企业的孵化平台，由 SMT 静电车间、测试线、组装线、电器实验室及可靠性实验室等核心部分组成，可提供专业生产制造及测试服务，满足创业企业 1000 件以下小批量产品的试产需求。基于此，洪泰智造构建起了专业性较强的孵化体系并获得了良好的孵化效果，如表 7.2 所示。

虽然洪泰智造通过以"模仿＋并购"为基础的垂直资源聚合模式初步构建了自身的孵化体系，但仍存在以下不足：第一，资源互补性较差。无论是被孵企业的边界资源之间，还是与孵化器的核心资源都存在较大资源跨度，难以实现生态系统的价值共创；第二，资源开放和共享性较弱。被孵企业之间、被孵企业与洪泰智造之间、洪泰智造与外部机构之间知识共享、资源交换程度较低；第三，内部资源协同能力及外部资源链接能力较弱。该阶段的成功主要在于模仿其他高新技术创业服务中心的资源聚合，然后消化吸收并植入洪泰智造的发展过程中。

当然，洪泰智造并不是简单地模仿，其在两年内派出了大量技术创新型员工在优客工场、Flashpoint 以及 Capital Factory 等知名孵化器进行了高强度培训，希望打破传统孵化器行业"学习—落后—再学习—继续落后"的循环。同时，洪泰智造对 TechStars、DreamIt Ventures、中关村科技园区海淀园创业服务中心、上海张江企业孵化器管理有限公司、深圳市宝安区科技创业服务中心等十余家孵化器进行了深入研究，也积累了一定的行业经验。

表 7.2　洪泰智造工场孵化程序及效果

孵 化 程 序	实 施 路 径	相关工作或服务内容	获 得 效 果
聚合的资源	资源支配类（孵化器）、价值创造类（被孵企业）、法律、财务、管理等中介机构	资金支持类（风投机构、创投机构和银行）、技术保障类（政府和孵化协会）等	技术供应类（高校及科研机构）、
驱动因素	技能突破、仿造生产、产品适应性、标准化技术、零件替代、规模化生产、成本优势等；		
招募与审核	①将 BP 信息记录在册；②对有意向入孵的企业进行约定谈并记录；③有意向进一步跟进；④签订入孵协议	组建专业负责收集项目需求和审核的团队，实施顺序依次为筛选入库，约谈、跟进和入孵	形成了满足洪泰智造孵化条件的企业认定办法
场地申请	签订入孵的 A 轮及之前的创业企业可在智造工场申请工位	帮助被孵企业根据个性需求和就近原则，在洪泰智造的北京、成都、南昌及美国旧金山、硅谷等地申请智造工场工位	了解被孵企业的整体情况，为产业链之间互动创造条件
企业入孵	①对工位申请成功的企业团队背景、融资、产品和技术、行业地位、收入规模等进行评估；②通过评估并设立标准洪泰智造总部开设账户	提供从产品研发到小批量生产全生命周期的技术和资金支持，可提供研发、生产制造、产品认证、供应链管理、技术培训、投资融资等服务	被孵企业之间有广泛交流经验的机会；能满足企业不同发展时期的需求；技术顾问全方位提供支持
毕业与追踪	①对于毕业企业进行后续发展追踪；②对毕业企业的存活和经营情况进行数据统计和分析	帮助毕业企业寻找更合适的发展空间；在资金需求、人才招聘、市场开拓等方面提供优惠服务；建立毕业企业资料库；定期举办毕业企业座谈会	形成和建立了常态化的毕业考核机制；建立了毕业企业回访和跟踪制度

（2）以实体孵化为主，虚拟孵化为辅的横向资源聚合

虽然洪泰智造通过以"模仿＋并购"为基础的垂直资源聚合模式取得了一些孵化效果，然而当模仿进入到一定程度后，模仿带来的创新对其竞争力的边际影响逐渐降低。随着市场竞争加剧以及大众创业的快速发展，传统的资源聚合模式和市场需求之间的矛盾不断凸显（Johan et al.，2012）。资源聚合也需要通过内部成员间的经验交流、外部兼并、收购或与其他机构合作建立战略联盟。孵化器作为技术创新的资源载体，采用何种聚合方式主要由外部技术的进步程度和内部资源拥有数量两方面决定（Muhmmad and Zawiyah，2013）。洪泰智造在推行传统高新技术创业服务中心服务模式的基础上，借助互联网信息技术，积极响应市场智能化需求和工业互联网网络连接架构发展趋势，逐渐具备了一定的虚拟孵化能力。

2016 年 1 月，洪泰智造开始向以实体孵化为主，虚拟孵化为辅的横向资源聚合模式转变。由于对资源聚合进行优化和改造涉及诸多方面的专业知识和资源，尤其是建立具有核心竞争力的网络系统开发技术是一项复杂的系统性工程。孵化器所需的外部技术、资源以及市场需求在发生着剧烈变化。面对信息技术变化如此剧烈的市场环境，洪泰智造要想保持可持续化的核心竞争力，就需要以技术创新为指引，对资源聚合模式进行创新。洪泰智造总能在市场需求出现变化之前预测到智能制造类企业的未来需求以及提供资源的部门之间的共性，并不断地为资源聚合模式重构做准备。其根本原因在于洪泰智造善于借助互联网对线上线下资源进行专业化聚合，同时在自身人力资源不足的情况下借助外部信息技术从业人员的优势进行智力补充，加大了专业技术人才的引进力度。通过邀请不同领域的创业专家，吸纳具有真正创业经验的企业家担任创业导师，完善了创业指导专业队伍建设。以实体孵化为主，虚拟孵化为辅的横向资源聚合为被孵企业提供了经验和资源支撑。

　　洪泰智造在 2016 年布局智造社区时，当时全国虽然已经拥有孵化器 3000 余家，服务科技型创业企业和创业团队近 40 万个，主要围绕企业平台型、"天使＋孵化"型、开发空间型、媒体创新型、垂直产业型以及综合型等模式展开孵化，但对云创业、线上服务、国际化资源和社交资源的利用率并不高，尤其在智能制造领域，挖掘国际化资源以实现颠覆式技术重构显得更为重要。在此背景下，洪泰智造管理层通过研究其他主要硬科技孵化器的发展历程，发现这些孵化器均从创立实体孵化基地起步。在此阶段，洪泰智造创始人已具备一定的资源积累，在已有资源的基础上融入洪泰智造创始人自身的技术和资源，进而建立了洪泰智造社区。2016 年 2 月，洪泰智造社区率先在美国旧金山建成并投入使用，同年 5 月以后陆续在成都、天津、南昌、旧金山和硅谷等地进行布局。

　　洪泰智造社区的布局与其和外部机构建立的合作关系紧密相关。2015 年 11 月，洪泰智造成立项目总部，致力于"互联网＋"的线上线下资源聚合系统开发。洪泰智造意识到仅仅依靠自身技术在短期内无法开发成功且需要其他相关技术积累，管理层决定与外部企业和科研机构建立研发联盟，并在实施该决策前对潜在合作者进行了细致调研。最后决定与阿里云、百度、谷歌等 13 家企业建立联合实验室。在建立联合实验室期间，洪泰智造的技术人员不断与合作伙伴进行知识交流，对互联网资源聚合技术进行了剖析并不断反复试验和创新，进而使技术开发人员的创新能力得到了大幅提高。通过联合研发和渐进式创新，洪泰智造在 2017 年 11 月逐渐推出了自身的虚拟孵化平台——凌波系统，该系统是一套聚合了各种线上线下资源的项目开发管理工具。凌波系统是由洪泰智造的研发和项目管理团队经过多年的经验总结，借鉴了全球最优秀的项目开发管理系统，在充分考虑智能制造类创业企业的专业性需求后开发而成。凌波系统拥有 20 项发明专利，已服务约 2800 家企业，在业界也获得了一定的市场认可。

　　虚拟孵化服务需要依靠多子系统的支持，洪泰智造技术团队开发了多种线上工具以支持虚拟孵化服务，包括智能 BP 管理系统、工位智能管理、在线专家团、在线培训课程、工厂直通车、在线网页生成器等。洪泰智造将一切可以虚拟化的资源要素转移到线上，对其进行聚合并转化为可用的服务，再通过互联网传递给创业企业。具体孵化程序及获得效果如表 7.3 所示。

当然，洪泰智造在该阶段的成功不仅在于技术创新方面，还在于与其相匹配的组织管理和人力资源管理方面。具体来说，第一，洪泰智造在被孵企业之间进行了适度分权，建立了较为顺畅的沟通渠道，赋予了被孵企业更大的自主权，同时对优势资源进行合理性稀释，促使生态系统表现出独特且难以复制的特性；第二，洪泰智造为服务团队提供了沟通、营销、人力资源等相关培训，加强了知识积累，提升了服务团队内部协同和外部链接能力，从而提高了生态系统的平衡性和控制力；第三，洪泰智造对被孵企业进行了持续性、针对性的高质量人力资源输入，提高了洪泰智造对市场的敏锐度和自我管理能力。

洪泰智造该阶段的成功经验主要在于进行核心技术创新以配合实体孵化，然后将虚拟孵化能力植入实体孵化中。通过自主研发形成了以实体孵化为主，虚拟孵化为辅的横向资源聚合。

当然，洪泰智造在该阶段的成功也离不开其他方面的创新，如对外合约创新、规章制度创新以及管理创新等。2017 年 2 月，洪泰智造就开始了以"企业价值链"和"区块链"为主的资源聚合再造工程。2018 年 1 月，洪泰智造进行了虚拟价值链的再造，提出员工和客户都是价值再造的参与者。该创新理念和管理模式极大地释放了员工的创造能力，使员工都能积极参与到市场竞争中来。

（3）以线上线下孵化协同发展的平台式资源聚合

洪泰智造通过构建线上线下孵化网络以此实现信息协同和孵化功能协同。创新要素的有效流动需要突破固有的创新藩篱，这样才能提高生态功能，健全孵化网络（Dag and Lise，2020）。被孵企业处于初创阶段，往往

表 7.3　洪泰智造社区的虚拟孵化程序及效果

孵化程序	实施路径	相关工作或服务内容	获得效果
聚合和转化的资源	信息服务类（新闻、政策信息、活动或会议信息）、咨询服务类（链接其他科技企业孵化器和相关机构和组织，实现技术、知识、服务等资源共享）、人才培训类（洪泰智造用已拥有的专家团队开发了网上人才培训系统）、技术交易类	专家、专业管理和从业人员、高校、政府、共享资源（风投机构、众创空间、洪泰智造基金）、技术交易类	共享资源
驱动因素	新冠疫情、信息共享、成组技术、加工工艺、工艺精度		
服务要素获取	①与被孵企业进行业务对接；②与供应商和系统服务商对接	获取了硬件、结构、采购、智造、测试、结构、品质管理等线下要素；获取了互联网、物联网、政策、行业经验，供应链等线上要素	服务要素组合方式得到创新；服务要素被最大化挖掘，提高了对市场变化的感知和适应能力
要素转化和聚合	①将原始资源转化为可用的线上服务；②将原始资源汇集到标准化进行加工，转化为标准化的线上服务包；③将服务商和专家进行汇集，形成"服务商和专家云"	对研发、产品检测与认证、生产制造、技术咨询、工业设计、结构设计、人才补贴对接，政府资源对接，投融资，供应链金融，项目落地补贴、专利辅助撰写、申报和培训等进行转化	通过在线服务包的形式提供虚拟孵化服务；专家或服务商的特点得到凸显，对客户需求提供报价，服务更加标准化
服务生产与传递	①被孵企业在系统中开通账户，获得使用入口；②将服务需求化为技术服务包，并嵌入到客户的在线项目空间中，与③创建需求清单、资源池专家匹配	创业项目被分为5个技术评审点，每个评审点由标准化的交付件组成，工程师团队会审核物进行评审，评审通过则可以进入下一个阶段，没有通过则会给出整改意见，直到达到标准后才能进入下一个阶段	项目返工率减少，管理效率提升；服务包的嵌入能帮助企业解决紧急需求，工作效率提升；形成了各部门间相互协同的组织结构，孵化成本显著降低
凌波系统推广	①将推广信息嵌入网站、关键词、网媒文章、广告、宣传手册等；②招募宣传、合作过程中的推荐	通过电话推销、面对面访谈、集体会面、拜访被孵企业的客户、社会网络成员、产品展示等介绍该系统	得到了科技部的重大支持；对外接式营销扩张和推广依赖程度显著降低，推广团队的自我造血规模得到可持续发展
服务监督	①记录服务内容、服务时长、服务过程，客户进行跟踪和评价；②对客户进行调查和评估；③对服务过程和结果进行监督	对紧急问题在24小时内向客户提出反馈；制定统一评估标准，实行自我监督，服务质量监督，月工作通报制度；邀请客户主管参与到洪泰智造的年度评估中	营销扩张和系统完善的能力得到提升；线上线下服务的协同和联动效应增强，毕业企业服务有效性得到明确；创新动力和信心持续得到增强

注：表中的系统指凌波系统。

缺乏资源，而所需的资源却有多样性、异质性、随机性等特征。因此，以孵化器为核心节点，链接政府、高校、科研院所、金融机构、中介服务机构等，通过构建孵化网络能显著提升被孵企业的创新绩效（Danny，2019）。孵化网络通过弥补被孵企业的资源劣势来提高其抗风险能力，降低创新难度。孵化器对于被孵企业的支持离不开孵化网络的资源对接功能。通过构建孵化网络，优化资源流动和要素匹配机制，有助于提高孵化绩效（Torun et al.，2018）。

为了提供更加全面的孵化服务，孵化器必须实现高效率的信息协同和孵化功能协同。现代企业创新研究表明，孵化器的生存和发展主要通过产业集群开发、产学研联盟构建和创新文化建设等路径实现（Martin et al.，2019）。虽然洪泰智造通过以实体孵化为主，虚拟孵化为辅的横向资源聚合构建了以"全职专家技术团队＋公共技术服务平台式＋凌波在线服务系统"为核心的服务体系，但该资源聚合模式存在如下问题：第一，资源提供者都对自身的核心技术采取防止对外扩散的措施；第二，线上线下孵化采用的协同机制和分享机制难以剥离。因此，洪泰智造意识到了构建线上线下孵化网络的必要性。

为此，洪泰智造采取了如下措施：第一，通过技术链控制、知识吸收、技术转化、资源承载、资源提供者创新知识的单边价值和链接价值挖掘等手段提升资源链接能力，实施开放式创新战略。通过平台式搭建、搜寻专业型优质资源、客户线上线下资源聚合和交互、资源聚合技术创新等方式帮助智能制造创业企业获取资源；第二，在线上线下孵化之间形成了良好的信息协同和孵化功能协同。信息协同表现在加快构建了线上线下部门间的信息交流机制，实现了被孵企业信息共享，强化了孵化技术储备，形成了孵化信息"蓄水池"。孵化功能协同表现在 BP 智能系统、智能工位系统和工厂直通车等方面。在 BP 智能系统方面，项目招募团队在线下招募项目并将信息录入 BP 智能系统中，在线上进行多维度评估；在智能工位系统方面，客户可在凌波系统中在线选择工位数量、大小、位置，支付确认后便可以直接入驻智造工场；在工厂直通车方面，客户在凌波系统中在线申请工单，选择工厂位置、协商报价、下单等，然后由接单工厂进行生产和交付，被孵企业收货后再进行线上确认。相互补充主要表现在凌波政通、技术货架和项目管理模板与交付物审核等方面。在凌波政通方面，邀请提供项目申报和政策解读的相关服务商入驻，为客户提供线上服务，对传统孵化器的政策咨询和申报服务进行补充；在技术货架方面，由工程师团队制定通用的技术解决方案，发布到技术货架上，客户按需购买，可以在一定程度上弥补传统孵化器技术咨询内容供给不足的劣势；在项目管理模板与交付物审核方面，通过定制化的项目管理模板和标准化交付物，可以在线跟踪和控制被孵企业的研发进展，并进行考核，以此对传统孵化器的管理咨询和投资服务内容进行补充。

洪泰智造还通过优化线上模块促进线上线下资源的有效协同。为了降低研发成本，缩短研发周期，洪泰智造成立了专门的开放式创新中心，目的在于搜寻优质稀缺资源。根据不同客户群体需要，在资源聚合时，依据不同服务对象共性技术需求，该中心就会把全球最先进的技术导入不同的平台式模块中，并进行分类和优化。同时，洪泰智造也清楚地意识到了仅依靠外部技术支持不可能实现持续发展，更不能形成自身核心竞争力。这是因为竞争对手为了保持竞争力会努力防止其核心技术外泄。因而，洪泰智造必须构建自身特有的研发能力，如在 2019 年 12 月成立了洪泰智造平台式资源优化模块研发实验室，加强与高等院校、科研机构、成熟企业之间的合作。通过科技成果转化机构、转化平台的建设，借鉴或寻找到满意的资源，并将其在核心技术人员之间进行共享。另外，优化线上模块能够加强洪泰智造与社会、政府各类资源的对接合作，为线上线下孵化业务发展提供多重支持，保障了线上线下孵化系统人才通道及配套机制的建立与完善，从而实现高技能、高素质人员的双向有序流动。

　　洪泰智造深知，必须借助线上模块优化才能达到有效的线上线下资源协同。凌波系统及其优化模块的研发成功使洪泰智造具备了强大的线上线下资源聚合能力，能够对同行竞争者产生强大的阻止效应，具体地：第一，凌波系统众包需求的拆解在短期内能有效阻止其他竞争者的复制模仿，同时洪泰智造努力寻找国外专家帮助建立技术拆解中心并形成了技术屏蔽兴趣小组，避免了盲目试错；第二，凌波系统具有强大的资源接收能力和技术承载能力，当市场上出现新技术或优质资源时，该系统开发团队能有效辨识并将其归类到相对应的资源包中，将已吸收资源之间的壁垒疏通，同时凌波系统还能针对被孵企业个体差异快速建立一套与之相匹配的技术解决方案；第三，凌波系统开发人员具有强大的技术资源搜寻能力，当客户遇到技术障碍时，孵化器能快速解决，降低了巨额资源的流失机会。

　　此外，洪泰智造基金也为推进资本和技术协同提供支持。2017 年 11 月 29 日，洪泰智造品牌升级战略发布会暨新基金成立签约仪式在北京举行，成立了洪泰智造发现、洪泰智造泰州医疗、洪泰智造智盈、洪泰智造基金以及新东方洪泰智造教育产业五个基金。在发布会上，洪泰智造宣布洪泰智造基金正式升级为洪泰智造资本控股。截至 2020 年中旬，洪泰智造累计管理资金规模超过 100 亿元，洪泰智造投资控股垂直建立了全生命周期全方位投资管理平台，横向构建了包括洪泰智造工场、AA 加速器、洪三板、洪泰智造财富、中智诚征信等在内的全要素资本和产业生态平台。洪泰智造资本控股聚焦金融科技、人工智能和大数据、消费升级、文化娱乐、泛互联网五大赛道，不断深耕细作，已成功投资智融集团（用钱宝）、51 信用卡、明特量化、易点租、三角兽、异构智能、声智科技、深之蓝、暴走漫画、银河酷娱（火星情报局）、青鸟体育、泥泞跑、小麦铺、高大师等 100 多个创业项目。

　　洪泰智造注重发挥集团资金池和类金融板块的金融孵化功能，并主动借助外部资本市场力量与实体产业之间在融资、项目孵化、内部借贷等方面实现优势互补、协同发展。同时不断深化与科研院所合作，推进应用研究院加快成立，以技术平台式的搭建推动关键共性技术的研发，提升智能制造创业企业技术研发能力和核心竞争力，不断提升产业层次，优化产业结构。

从洪泰智造资源聚合模式的升级可看出：第一，实体孵化或虚拟孵化并不能完整地提供服务，也不是两个板块共同提供服务，而是技术、市场、组织、政策制度等资源要素共同参与、资本和技术协同的综合式服务体系；第二，可持续性资源聚合能"兼顾短期盈利和长期发展间的矛盾"，重视创新技术和非技术要素之间的相互配合是洪泰智造发展的重要基础；第三，唯有全要素、全时空、高质量资金支持、全员参与的平台式资源聚合才能助力洪泰智造追赶国际顶尖孵化器，让虚拟孵化高效赋能于实体孵化；第四，洪泰智造资本控股的全方位投资，使资本和技术实现了有效协同。在此背景下，洪泰智造的平台式资源聚合机制更加具有可持续性，孵化程序及其获得效果得到进一步显现，如表 7.4 所示。

在线上需求发布阶段，被孵企业将自身的资源需求在平台账号上发布，同时可根据平台提供的资源管理模块对资源进行在线搜索并与洪泰智造在线技术团队进行方案沟通。在线下服务对接阶段，被孵企业与生态系统内的资源供应商进行沟通，初步达成服务内容。线上提交创新产品、新技术和用户评价阶段，洪泰智造将市场上最新产品、最新技术定期在线发布，向被孵企业提交行业最新资讯，同时被孵企业对以上资讯进行评价。在线上线下资源聚合优化阶段，资源聚合平台收集资源并进行资源聚合优化，将这些资源聚集到新的服务目录下，在平台内部共享。由此可见，与以实体孵化为主，虚拟孵化为辅的横向资源聚合阶段相比，该阶段的资源聚合机制具有服务的长期可持续性和可循环性，形成了资源聚合平台发布信息→被孵企业选择信息并提出评价→资源聚合平台回收与分析数据的过程，以此实现精准服务的目标。

表 7.4　洪泰智造线上线下孵化协同发展阶段的孵化程序及效果

孵化程序	实施路径	相关工作或服务内容	获得效果
聚合和转化的资源 驱动因素	国家"卡脖子"技术突破战略、发制造、模块化生产、智能加工设备	在实体孵化链把孵化接和虚拟化链转化的资源基础上增加了：引入的战略投资，银行信贷，洪泰智造实验室的技术储备和技术突破、国际先进设备，与国际机构建立的伙伴关系带来的技术转移等资源；智能制造生产、模块化生产、用户主导等	服务快捷和移动化、平台式研
基于招募对象获取服务要素	①全面梳理资源种类，创新资源优化配置思路；②最大化资源利用效率，通过要素同入撬动企业孵化成功率	增加了 SMT、测试/实验、3D 打印、试产等线下服务；增加了资深工程师团队，客户的资深工程师团队，供应链中的专家团队等线上服务	团队协同能力得到提升，如专职服务人员，专职服务人员比例和获得相关认证的专职服务人员数均增加，其中被孵企业的经营效益增加；被孵企业平均专业数和被孵企业平均人员数均显著增加；
根据智能制造工场区域差异实施线上服务生产和传递和聚合	①采取扩充专业技术人员数量，吸引更多风险投资，加速科技成果转化等多项举措创新科技成果转化的线上组合方式；②通过要素同入增强创新孵企业核心能力	提高自身的品牌辨识度和资源输入精确度，提高资源利用率，平衡生态系统内部的多样性和互补性	资源互补能力得到加强，被孵企业的行业集中度，被孵企业所属行业产业匹配程度以及区域优势资源与被孵企业的行业匹配程度不断增加；服务范围和服务集成模块不断细化；智能制造资源集成模块更多样化
根据智能制造工场区域差异实施线上服务生产的传递	①通过产业引导，融资支持、技术创新、氛围优化等构建全产业孵化链；②以用户为导向，通过市场需求拉动机制，吸引异质性创新主体加入	通过创业项目博览会，政府推介、竞赛等对外展示，打造良好的口碑效应，建立专业品牌声，吸引更多优秀的互补性企业进入孵化生态系统	融资能力，知识输入能力，被孵企业经营绩效均得到提升，自有孵化基金额，获得融资额，每年提供的累计项目数，拥有的创业导师数，供的总活动次数，获双创导师技术服务的企业比例，被孵企业收入等均增加
线上线下同步跟踪	①在线上构建以创新为导向的收益分享机制；②在线下改变传统的单一功能考核机制	鼓励被孵企业参与孵化器治理和决策制定；通过决策增加决策透明度等方式增加决策透明度	毕业企业经营效益提升，毕业企业数量和收入均增加；政策落地效果提升，获得政策补贴的企业数量和政策补贴的平均额均增加

◉ 7.4　研究小结与实践启示

随着信息网络技术的快速发展，硬科技孵化器由以往的线下孵化逐步衍生出线上孵化模式。基于此，本章从"互联网＋"视角出发，通过分析线上硬科技孵化体系，探讨硬科技孵化器如何实现"互联网＋"转型，揭示硬科技孵化器线上线下资源整合模式及转型路径。主要结论如下。

第一，硬科技孵化器线上孵化主要起到了主导、推动和保障作用。主导指硬科技孵化器借助线上孵化体系，帮助被孵企业明确了创业活动的流程与目标，对一些经验性的工作进行了主导，从而减少了硬科技创业企业的试探与摸索工作；推动指硬科技孵化器利用诸如凌波系统等线上体系，对创业活动的阶段进行明确划分，在此基础上实现了流程可视化，使硬科技孵化器与创业企业双方都能够有效地了解和督导整个创业过程，从而保障了创业活动的快速推进；保障指硬科技孵化器借助补贴易等线上形式，对政策、硬件等资源进行整合，形成了有效的资源库并保持动态更新，从而为硬科技创业企业提供充足且多样的资源。

第二，洪泰智造的资源聚合演进过程是一个动态累积和质变的过程，其沿着以"模仿＋并购"为基础的垂直资源聚合→以实体孵化为主，虚拟孵化为辅的横向资源聚合→以线上线下孵化协同发展的平台式资源聚合的路径演进，形成了强大的核心竞争力。该过程不仅是硬科技孵化器为应对外部环境变化而做出的战略选择，也是硬科技孵化器内部一系列专业技术吸收、消化、再创新的过程。硬科技孵化器从以模仿传统高新技术创业服务中心开始，逐步积累资源和技术；当实体孵化发展到一定程度时，硬科技孵化器开始进军国际市场，同时为拥有自主核心虚拟孵化技术做前期的研发准备，整合和创新内外部技术知识，不断完成互联网技术的原创性研发；最终凭借前期资源聚合技术的积累和对外部技术的拆解消化，开始进行线下线上孵化协同。

第三，虚拟孵化和实体孵化并不能被单独割裂，且两种孵化的融合是硬科技孵化器所受内外部因素共同作用的结果。首先，对市场和互联网技术的洞察、吸收、消化和创新等能力是硬科技孵化器能够完成资源聚合变革的内在动力和力量源泉。这些能力帮助硬科技孵化器进行内外部资源和技术集成，进而推动资源聚合能力的进步；其次，在技术突破、仿造生产、服务的精准性需求、信息共享、加工精度、工业互联网、大数据和模型算法等外部因素的驱动下，硬科技孵化器资源聚合实现了自主创新，使其演进过程呈现出"市场需求驱动→核心技术创新驱动→核心技术创新和市场需求双驱动"的特征，最终实现了硬科技孵化器的技术追赶与超越。

通过探讨硬科技孵化器线上孵化实践，剖析了硬科技孵化器线上线下孵化体系整合机制，研究成果为硬科技孵化器借助"互联网＋"技术提高孵育效率，实现运营体系的更新迭代提供了实践启示，具体如下。

第一，硬科技孵化器应结合被孵企业的发展特点及需求建立相应的线上孵化体系。例如，洪泰智造通过建立包含补贴易、鲁班院以及凌波系统的线上孵化体系，能够对被孵企业不同阶段的发展需求形成及时的反馈，通过对创业企业的需求保持高度的关注和快速的反馈，不仅有助于洪泰智造实现有目的性和有针对性的高效孵化，而且洪泰智造还能通过线上孵化工作的实践不断迭代出更加丰富的孵化功能，以此保障孵化体系的活力。

第二，硬科技孵化器应根据自身发展阶段重点培育和适时调整自身的技术创新动态能力，从而实现技术创新动态能力与发展阶段的匹配。例如，在初创阶段，硬科技孵化器应重点挖掘和培养外部环境洞察能力、模仿能力和把握未来行业市场发展方向的能力。硬科技孵化器在初创阶段往往缺乏资金、技术和政策支持，因而在识别硬科技孵化器未来市场机会和风险的基础上，可通过资源聚合模仿，管理方式引进等方式拓展被孵企业规模和市场利基，以提高硬科技孵化器的生存能力。在硬科技孵化器资源聚合模式稳定阶段，孵化器应注重外部技术引进、消化、吸收和变革等能力，形成线下线上孵化搭配，并聚焦更加专业化的服务，将资源集中起来塑造自身优势。随着硬科技孵化器资源集成能力的提高和市场的不断开拓，孵化器面对的外部环境竞争更加激烈和复杂，这时应将管理模式、企业文化、组织结构、线上资源聚合技术等进行同时优化调整，以保证持续资源聚合能力。在平台式资源聚合阶段，硬科技孵化器应着重对线上线下孵化边界进行柔性变革，提升资源聚合模式的包容性。

第三，硬科技孵化器若想借助"互联网+"实现自身资源聚合模式的创新，可借鉴"微观集成→中观集成→宏观集成"的资源聚合路径发展。例如，在发展初期，可通过引进和消化吸收外部资源构建其发展基础，紧跟市场需求，通过流程改造、再设计等在消化外部知识、学习模仿中培育自身的资源聚合能力，即微观集成。当硬科技孵化器已具备一定的虚拟孵化技术积累，能够大幅度集成外部资源时，可尝试与其他科研机构建立长期稳定的合作关系，即中观集成。随后，可依托"互联网+"技术和线上孵化的战略引导，通过建立线上线下孵化体系激发持续性的资源聚合能力，即宏观集成。

第 8 章　硬科技创业孵化生态构建与演化

2017 年，国家科技部办公厅发布《国家科技企业孵化器"十三五"发展规划》，其中鼓励孵化器以促进技术转移转化、新产品研发、传统业务转型等为切入点，融入龙头骨干企业、高校以及科研院所等，构建开放协同的创业孵化生态。由于硬科技创业具有高技术门槛、高投入、市场拓展合法性障碍大等特征，因此硬科技孵化器需要建立孵化生态系统为被孵企业提供有效的孵化支持，提升硬科技孵化器专业性的竞争优势。在孵化体系各方的参与下，硬科技孵化器、硬科技创业企业、科研机构、中介机构、政府部门、投融资机构等主体根据各自的资源禀赋和能力特点不断地进行互动。随着创业活动愈发密集，创业研究有待从个体、组织层面跃迁至系统层面（梁强等，2017）。因此，需要进一步以硬科技孵化器为核心来对创业生态系统加以剖析。本章利用案例研究方法，从双元能力视角探索硬科技孵化器为核心的创业生态系统演化过程，期望对硬科技孵化器在科技高速发展、信息快速传递的创业生态环境中实现健康成长具有参考价值。

◉　8.1　研究问题与方法

8.1.1　问题提出

　　单个硬科技孵化器的资源覆盖面、信息渠道和增值能力是非常有限的，只有建立硬科技孵化器与其他创业相关主体的联系网络，通过构建创业孵化生态的方式才能促进资源的有效流动与利用。例如，政府为硬科技创业企业提供相应的政策支持与引导，高校与科研院所为硬科技创业企业提供技术成果转化平台与设备，投融资机构为硬科技企业解决资源困境，大型企业集团为硬科技创业企业提供源源不断的创新驱动力等，以此为硬科技创业企业生存与成长提供巨大支持。

　　关于创业生态系统的研究，起源于生物学中自然生态系统研究和管理学中创业研究的整合（Neck et al.，2004）。首次提出生态系统概念的生态学家 Tansley 试图从系统视角研究生物与自然环境的关系，把生态系统理解为包含各种复杂生物体和栖息相关物理环境的集合（Tansely，1935）。随着创业研究的深入，这一视角也被引入用以描述市场中的创业活动，学者们逐渐开始认识到创业活动深受创业环境及其相关主体互动作用的影响（Fogel，2001；Wood，2012）。创业生态系统研究的意义在于为构建创业"栖息地"提供理论支持，便于提高创业成功率，孕育更多高增长性硬科技创业企业并促进区域协调发展。已有的研究中针对创业生态系统主要从其影响因素、组织结构、参与主体等方面开展，包含生态视角和网络视角两个方面。生态视角认为需要把创业相关的因素联合起来进行综合考虑，将基础设施、公共结构及其相互之间的匹配关系进行不断优化，从而达到最优的创业绩效（Spilling，1996）；网络视角则将创业生态系统内的各个主体要素视为网络节点，认为它们之间通过网络连接的方式为创业企业提供基础设施，并以构造文化氛围的形式对创业企业产生非正式影响，进一步提高创业的成功率（Mason and Brown，2014）。总体来说，已有文献更加注重对创业生态系统的静态结构及创业生态系统间的动态关系进行研究，对于创业生态系统演化过程的研究较少。同时，已有文献通常将创业企业视为创业生态系统的中心，而忽略了孵化器这一资源枢纽与协同主体的重要作用。

双元能力视角是指组织如何既能够很好地践行当下的战略行动，又能够很好地为未来的战略行动进行布局和引导。学界针对双元能力开展了广泛的研究，例如有部分学者认为探索和利用是组织实践双元能力的两种基本活动（Gupta et al.，2006），探索能够引发"搜寻、变化、实验和发现"等活动，有利于确定未来战略行动的形式、方向（Baum et al.，2000），而利用则与"提炼、效率、选择和实施"等活动相联系，能够确保当下战略行动的准确、高效实施（Ghemawat and Ricart Costa，1993）。他们在本质上的区别要求对两种活动匹配不同的组织结构（肖丁丁和朱桂龙，2017）、战略（曹宪娜，2021）和情境，组织需要将自身的资源和注意力分配在探索活动和利用活动中。组织要同时实现有效的探索和利用活动是非常困难的，需要将探索和利用活动协调起来，单方地强调利用活动导致"能力陷阱"使公司无法对环境变化做出迅速回应；相反，过多地强调探索活动会导致"创新陷阱"使公司陷入无止境的"探索—失败—无回报变革"的恶性循环中（王寅等，2016）。通过梳理相关文献发现，虽然双元能力理论已广泛地应用于组织学习、技术创新、组织适应、战略管理和组织设计等领域，学者们也从不同视角提出了双元能力的多种内部维度，但现有各领域的双元能力概念都是单维度的概念，不是多维度的分析，这忽视了双元能力本身内涵的丰富性。另一方面，虽然研究者已对双元能力的前置因素进行了丰富的研究，但对各因素的驱动机制和内在联系缺乏清晰的认识，从而使研究处于一种割裂的状态，缺乏整体性。

基于上述分析，本章将从双元能力视角出发，探索以孵化器为中心的创业生态系统的演化机制，尝试从战略规划到战略行动执行多个层面厘清双元能力多种前置因素之间的作用关系，进而提炼出一个整体的双元能力框架，以期为理解快速变化环境下以硬科技孵化器为中心的创业生态系统演进过程提供新的理论认识。

8.1.2　研究方法与案例选择

本章采用单案例研究方法，原因如下：第一，以往文献对于创业孵化生态系统建立过程的研究尚不充分，本质上属于研究"How"（如何）的问题，适合使用案例研究方法；第二，创业孵化生态系统的构建及演化是一个动态过程，单案例研究能够对这种动态现象进行深入剖析，从而有助于归纳、提炼兼具新颖性和可靠性的研究结论。

本章选取智能制造孵化领域作为研究情境，主要原因如下。

第一，智能制造技术的基础仍旧是传统的制造业，我国作为全球范围内产业链最为完备的国家，制造业庞大且复杂，这使得针对供应链管理、物料调配、生产工艺等方面任何一处创新都具有广阔的应用前景，为创业孵化活动提供了庞大的市场，创业孵化生态系统很容易建立起来并得到快速发展。

第二，由于智能制造领域涉及各类型的重型资产，固定投入较大，其技术本身也有赖于跨界的交叉融合，合作已经成为领域内最重要的工作之一（Zhong et al.，2017），多样化的主体、多样化的合作方式也促使形成了复杂、开放的创业孵化生态系统。

本章选取洪泰智造作为案例研究对象，主要原因如下。

第一，洪泰智造作为一家智能制造领域的专业性孵化器，在智能制造领域取得了优异的成绩。自创办以来服务企业超过 3000 家，深度被孵企业300 余家，形成了以洪泰智造为核心，包含产业联盟、高校、地方政府与大量智能制造被孵企业等主体在内的创业生态系统，有利于研究团队以全面的视角对整个创业孵化生态系统进行考察。

第二，洪泰智造快速推动以其自身为核心的创业生态系统演进过程，具有较好的行业代表性，洪泰智造北京技术服务总部、南昌智造工场与成都智造工场在创业生态系统演化过程中的不同阶段具有独特的代表性，也能够较好地满足整体研究目标，例如在创业生态系统演化的第二阶段，成都智造工场与北京总部各自负责了当下战略行动和未来战略行动的执行，又通过嵌套的方式对两种行动进行了链接，有助于研究者理解双元能力的结构性前置因素。

第三，研究团队自 2016 年以来一直与洪泰智造保持紧密的合作关系，进行了多次实地参观和深度访谈，获取了丰富的一手和二手资料，这些都为开展深度的案例研究提供了便利，而较长的时间跨度也有助于纵向研究创业孵化生态系统的演化过程。

8.1.3　数据来源与分析过程

研究团队的数据收集主要包含一手数据与二手数据两个方面：第一，一手数据。一手数据主要来源于实地考察和访谈。集中的实地考察和访谈工作自 2018 年 3 月开始第一次，到 2021 年 3 月进行最后一次，共计 7 次。2020 年 1 月新冠肺炎疫情发生以后的 4 次访谈为电话或视频形式。在此过程中研究团队设置了访谈对象的遴选条件，例如接受访谈的高层或中层管理者需要满足具有 3 年以上工作经验，熟悉公司内部架构，参与或了解公司战略规划的制定过程；接受访谈的地区负责人需要满足具有参与地方实体工场早期筹建的工作经历，完整参与孵化项目 2 个以上或部分参与孵化项目 5 个以上，被孵企业的产品已完成设计定型并开始投放市场等。为确保访谈问题与访谈主题的一致性，研究团队采用了半结构化访谈的形式，针对不同访谈对象设计相应的访谈问题列表，同时，随着研究的不断推进来灵活调整访谈提纲，以在访谈过程中更加高效、准确地获取信息，访谈对象与内容如表 8.1 所示。研究人员向受访者进行了二次确认与对比。每次访谈均至少有两位研究人员在场，其中至少一位具备工科学习背景。第二，二手资料。二手资料主要分为洪泰智造提供的内部资料与研究团队获取的外部信息两种。为确保外部信息真实可信，研究团队先进行了广泛的信息检索，并与从内部收集到的数据和访谈内容逐个对比，将趋同的部分用于三角验证，将相悖或无交叉的部分交由洪泰智造内部工作人员进行核对修正，确认无误后再加入案例数据库。

表 8.1　访谈对象与核心内容

访谈对象	受访者职位	访谈内容概要	访谈时长
洪泰智造高管团队	创始合伙人 合伙人 公司副总裁 公司区域负责人	• 洪泰智造发展历程、发展阶段划分及标志性事件 • 公司整体战略定位和竞争优势 • 洪泰智造核心业务和部门设置 • 洪泰智造体系内所涉及的资源主体及互动方式 • 智造工场模式起源及现有服务规划 • 洪泰智造的未来发展规划	125 分钟
洪泰智造中层管理者与一线员工	投资经理 投资经理 运营总监 智造经理 智造经理 项目经理 技术总监 凌波系统负责人	• 洪泰智造投资部门的主要工作内容 • 智能制造创业企业的特征、痛点与解决方法 • 洪泰智造发展历史及不同发展阶段的工作特点 • 智造工场的业务内容和配备资源 • 智造工场对被孵企业的服务效果 • 智造工场为被孵企业解决问题的具体案例 • 技术服务团队的业务内容和配备资源 • 凌波系统的业务内容和服务效果	270 分钟
洪泰智造被孵企业	A 被孵企业 CEO B 被孵企业 CEO C 被孵企业 CEO D 被孵企业 CEO E 被孵企业 CEO	• 企业在研发优化、试产与量产过程的困难 • 企业在各个过程解决困难的方式 • 企业解决困难过程中洪泰智造的作用 • 企业使用了洪泰智造的哪些服务 • 企业对洪泰智造服务的评价和建议	130 分钟

本章遵循结构化分析方法对案例资料进行分析归纳，数据分析包含一阶编码、二阶编码、三阶编码三个阶段。一阶编码从现场笔记、访谈和文件中获得的数据中反复查看、提炼、分类和归纳得到。例如，将案例资料"做事放得开""自己当家"等概念提炼为一阶编码"独立运作"，将"相距很远""事务性的工作很少联系"等概念提炼为一阶编码"地理距离"。二阶编码研究团队引入了所要研究的理论，不断考察这些二阶编码是否涌现了一些新的构念，这些构念可能有助于研究团队描述和解释研究团队所观察到的现象。例如，一阶编码"独立运作"和"地理距离"均表示为了营造独立发展环境，洪泰智造允许不同部分独立运作，可进一步抽象为二阶编码"分离"。在二阶编码趋于完整后，结合二阶编码的性质与内涵，将具有同一类属的二阶编码进行有效整合，提炼为三阶编码。例如，二阶编码"分离"与"利用"均表示洪泰智造为保障孵化工作有序进行，在孵化器组织结构方面采取的措施，可提炼为三阶编码"结构性双元"。具体编码结果如图 8.1 所示。

◉ 8.2 硬科技创业孵化生态构建

（1）硬科技创业孵化生态结构

硬科技孵化器创业生态系统的主要功能是塑造并发挥硬科技孵化器的专业性竞争优势，目标在于孵化具有硬科技技术创新、硬科技产品创新、硬科技知识产权的硬科技企业，提高硬科技创业企业的存活率，以此实现战略性新兴产业发展，促进硬科技技术进步与经济发展的深度融合。

硬科技孵化器创业生态系统主要由两部分构成：第一，内部生态。硬科技孵化器内部生态是由硬科技孵化器和硬科技被孵企业组成的创业孵化生态；第二，外部生态。硬科技孵化器外部生态是在内部生态基础上，

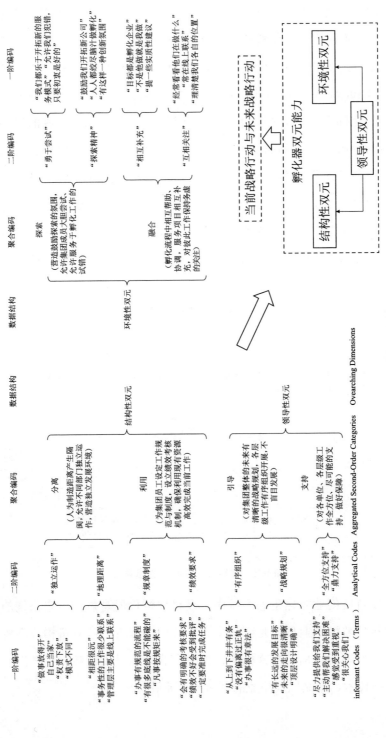

图 8.1　编码结果列示

还包括政府、高校和科研院所、投融资结构、中介机构、大型企业等主体组成的创业孵化生态。硬科技创业孵化外部生态包含了内部生态。

本章以广义的硬科技创业孵化生态概念为立足点，参考"主体—环境观"（Suresh and Ramraj，2012），将硬科技创业孵化生态定义为：在特定的空间范围内，以培育硬科技创业企业为目标，形成的以硬科技孵化器为中心，由硬科技孵化器、硬科技创业企业、政府机构、高校及科研院所、投融资机构、中介机构、大型企业等主体构成的开放、复杂的统一整体（如图8.2所示）。在这个体系中，硬科技孵化器、硬科技被孵企业与政府机构、高校及科研院所、投融资机构、中介机构、大型企业等主体之间相互影响、制约，在一定时期内处于相对动态平衡的状态。

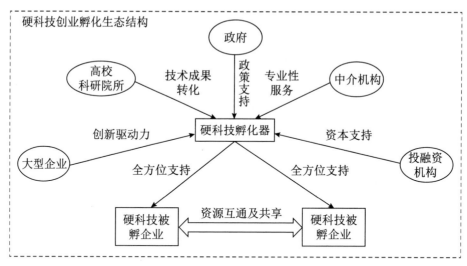

图 8.2　硬科技创业孵化生态系统

在硬科技创业孵化生态系统中，硬科技孵化器是孵化生态系统的生产者，硬科技被孵企业群体是孵化生态系统的消费者，政府机构、高校及科研院所、投融资机构、中介机构、大型企业为能量供给源，生产出的产品是硬科技技术、产品以及毕业的硬科技企业等。

（2）硬科技创业孵化生态交互关系

硬科技孵化器生态系统以硬科技孵化器为核心，汇聚了政府、高校、科研院所、投融资机构、中介机构、大型企业等创新创业主体。硬科技孵化器通过提供多样化、特色化孵化服务助力硬科技创业企业成长，主要有以下三个方面：第一，硬科技孵化器为硬科技被孵企业提供的基础服务，主要有提供办公场地、培训辅导、管理咨询等；第二，硬科技孵化器为硬科技被孵企业提供的增值服务，主要有社会网络支持、信誉背书支持、资源链接、商业合作等，这是硬科技孵化器实现价值增值的关键；第三，政府、高校、科研院所、投融资机构、中介机构、大型企业提供的政策性支持服务、资本支持服务、技术支持服务以及专业性辅导服务等。在政府、高校、科研院所、投融资机构、中介机构、大型企业为硬科技被孵企业提供上述服务时，硬科技孵化器在其中起到了重要的桥梁作用。前两个层面的孵化服务依赖于硬科技孵化器管理团队，第三个层面的孵化服务依赖于政府、高校、科研院所、投融资机构、中介机构、大型企业等外部主体。

硬科技孵化器通过与多方主体进行信息交流、资源互动以及产学研合作，逐步形成创新创业共同体，不仅能够直接为硬科技被孵企业成长提供所需的技术、市场、财务等资源，还能利用各方长期积累的社会网络帮助硬科技被孵企业以较低的成本获取生态系统以外的资源。

由于不同创新创业主体的功能及定位存在较大差异，因此硬科技孵化器需要发挥协同创新作用，以此为硬科技被孵企业集聚更多的创新资源。具体来说，第一，政府机构需要不断强化政策支持和引领作用，营造良好的创新创业外部政策环境，发挥区域硬科技创新优势，促进地方战略性新兴产业发展，以此实现经济的提质增效；第二，高校及科研院所需要为硬科技创业企业提供硬科技人才支持、硬科技技术支持、硬科技知识产权保护支持等，降低被孵企业的创新成本，加速硬科技技术转移和成果化进程；第三，投融资机构需要在为硬科技被孵企业提供资本支持的基础上，联合社会资本为硬科技被孵企业解决由于资本不足而面临的难题，通过为优质的硬科技项目提供早期投资，促进硬科技创业投资市场有序发展；第四，中介机构应借助服务的规模效应，为硬科技被孵企业提供多样化、低成本、便捷的财务代账、法律咨询、人事管理等专业性服务；第五，大型企业通过与硬科技孵化器联合培育或者以战略投资的形式筛选合适的硬科技被孵企业，将大型企业丰富的市场及渠道资源与硬科技被孵企业的前沿技术及灵活的运营模式相结合，在推进大型企业技术及业务创新的过程中帮助硬科技被孵企业实现资源的最优化利用。

硬科技被孵企业作为硬科技创业孵化生态系统的消费者，通过接受、消化、吸收上述孵化服务从而满足自身的技术及商务发展需求，进而影响着硬科技孵化器的孵化绩效。

◉ 8.3　硬科技创业孵化生态演化机制

通过分析案例资料，本章发现洪泰智造推动以其为核心的创业孵化生态系统的演化过程主要经历了信息收集、资源获取与模式设计、跨区域整合三个阶段，如图 8.3 所示。

（1）信息收集阶段

早期的洪泰智造以创业投资为主要业务，以提供资源链接为次要业务，通过投资的方式与各地政府、高校、科研机构等建立联系，并逐步筛选出有增值潜力的地区，为建设实体孵化工场做好准备，以此实现由创业投资向实体孵化的转型。具体工作主要包含如下三个方面。

第一，成立专注于智能制造领域的投资基金。在智能制造被孵企业全生命周期打造一个投资管理平台，前后贯通了天使、VC、PE、母基金等，同时还布局了美元基金。在此阶段，洪泰智造提出了"成为卓越的产业整合者和创新推动者"的远景，要求洪泰智造管理团队在选择创业企业投资的过程中，始终都要服务于孵化器自身的发展远景，通过持续高度聚焦于智能制造领域，逐渐形成稳定的产业集群。洪泰智造基金的投资模式更加注重长期的回报，并非是在一个风口领域投资所有的创业企业，尽管这种模式可以在短期内获得较高程度的回报。相反，洪泰智造为了布局一个良好的创业孵化生态系统，不仅将投资领域高度聚焦于智能制造行业，而且在细分的方向上倾向于只选择一家创业企业，并尽可能使投资的创业企业之间能够形成上下游或者合作关系。在这一过程中，洪泰智造积累了大量的行业经验，也和很多具有发展潜力的创业企业形成了良好的合作伙伴关系。

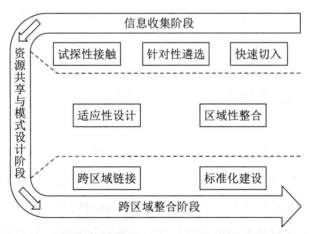

图 8.3　以硬科技孵化器为核心的创业生态系统演化过程

第二，为投资的创业企业提供资源链接服务。洪泰智造为投资企业提供智造工场、市场拓展渠道等一系列资源。早期的洪泰智造尚未具备足够丰富的硬件设施，但是在创立之初，洪泰智造注重搭建具有工科与商科等复合背景的团队，并以这个团队为基础，洪泰智造尽最大可能收集和整理智能制造领域的相关资源信息。在了解被孵企业的需求以后，为被孵企业提供了大量的资源链接服务，并作为创业企业的背书支持方，促成了大量资源合作项目的落地。这使洪泰智造获得了创业企业的高度评价，同时也充分意识到智能制造领域创业孵化生态系统的痛点所在。

第三，主导创业活动。洪泰智造利用资金优势，不断参与并主导各类型的创业分享会，在全国范围内广泛投资企业，通过与不同类型资源的不断接触、建立联系，完成了纯创业投资孵化模式向实体孵化器的转变。随着在智能制造领域创业活动的推进，洪泰智造逐步开始尝试主导一些大型的投资活动，这些活动涉及不同的资源主体，主要以行业联盟、高校与地方政府为主。例如，2016 年，洪泰智造在成都举办了创响中国成都站"创业天府·菁蓉创享会"，并借用这次机会，宣布了锦江"洪泰智造基金"的全球首发，举办了洪泰智造成都智造工场相关的战略发布会。此次发布的洪泰智造基金被称为"全球第一支专注硬件的基金"，且只针对处于种子期及天使期阶段的创业企业进行投资。而成都智造工场作为该创业孵化生态系统的重要组成部分，也被称为当时"全球最大的智能硬件创业服务平台"，开始逐渐为硬件创业企业提供包括产品定义、产品研发、生产以及应用全球领先的互联网思维构建新营销体系的全流程、全要素、全生命周期的创业服务。从投资者的角度为创业者着想，搭建双方合作所需的理念交流、价值碰撞、项目对接、配套保障等平台。此外，洪泰智造还建立了安创客基地和北京留创客智能基地，以开放的姿态为国内创客群体与留学回国创客群体打造专门的交流社区，并在此过程中广泛收集行业动态以及创业企业的发展需求，不断扩大洪泰智造的行业影响力。

（2）资源获取与模式设计阶段

有了一定孵化基础的洪泰智造，依托成都智造工场的经验，开始在全国范围内进行布局，在各地分批次设立智造工场，逐渐开始形成一个体系庞大的创业孵化生态系统，在硬件配置完善和资源整合方面逐步发力，洪泰智造在这一阶段主要以实体孵化为主，具体开展了如下两方面的工作。

第一，整合现有资源。洪泰智造对上一阶段获取的各方资源进行了详细的梳理，尤其关注了地方产业结构、政府政策对创业生态系统演化的影响，确定了不同方向、不同系统、不同结构的智造工场模式。例如，洪泰智造的政策调研团队发现，成都市政府自 2015 年开始，相继出台了《创新型城市建设 2025 规划》、《"创业天府"行动计划（2015-2025）》等 7 大类 46 条政策，全面覆盖创新创业产业链，为洪泰智造推动创业孵化生态系统的演化提供了良好的政策环境。此外，依托电子科技大学、四川大学、成都理工大学等科研资源，与院校间共建良好的创业氛围。基于此，成都智造工场的创业孵化生态系统在发展方向上侧重于芯片技术领域，在成都投入了频谱信号分析仪、任意波形发生器、矢量信号发生器、绝缘耐压测试仪、按键寿命测试仪等。成都的智造工场也与高校之间达成了紧密的合作关系，通过与电子科技大学等高校的创新创业学院共建大学生创业实训基地、创业指导中心，开设创新创业课程的方式，帮助智能制造创业企业获取高校的技术资源和设备资源，也为创业孵化生态系统引进了稳定、优质的高校创业者。

第二，多地建立智造工厂。洪泰智造着手布局和构建了各地的实体智造工场，为创业孵化生态系统提供了充裕的硬件基础。洪泰智造尤其重视与各地地方政府构建良好、稳定的关系，通过向政府承诺帮助其完成就业、招商引资等目标的方式，获取各地政府的场地支持与设备投资，并在此基础上大量引进低成本的设备、获得低成本的土地使用权。于是，洪泰智造以此为基础，帮助智能制造创业企业解决硬件需求，从而在海内外城市保持稳步扩展趋势，形成发展的良性循环。

在此阶段，各地智造工厂作为整个创业孵化生态系统的实体支撑中心，是多方资源交互的枢纽。具体来讲，硬科技孵化器需要将地方政府、产业联盟、高校三方面的资源进行整合，并将其转化为硬科技创业企业所需要的内容及形式。硬科技孵化器通过协调和满足不同参与方之间的关系，以此推动区域性创业孵化生态系统稳定、可持续的发展与演化。

（3）跨区域整合阶段

以洪泰智造为中心的创业孵化生态系统经过拓展后，进入到了巩固与发展阶段，在这一阶段，洪泰智造主要通过为创业企业提供深度技术服务的模式，围绕创业企业的核心需求，以跨地域整合方式将各方资源进行整合，实现了不同区域之间的互联互通以及对创业孵化生态系统的实时管理，从而为创业企业提供专业化的深度创业服务。在这一过程中，孵化工作主要依托线上软件设施的建设为主。

这一阶段洪泰智造主要建设了以凌波系统等为代表的软件服务系统，对跨地域的资源进行了整合，凌波系统的核心功能主要有以下三点。

第一，实现了项目开发流程自动导航。凌波系统充分考虑了创业企业的自身特点，项目开发管理模块将一个产品从创意到量产分为 6 个阶段，每个阶段设置了对应的标杆任务。阶段和标杆任务共同构成了一个项目的研发路线图，创业者即使没有项目管理经验，也可以通过该路线图顺利完成产品的研发规划。

第二，保证了项目开发的规范性。洪泰智造通过整合创业孵化生态系统内数百位资深技术专家的资源，分别就产品开发过程中常用的技术文档模板和各种设计规范，如 ID 设计、结构设计、电路设计、供应链管理等相关内容，撰写了数百份标准文档模板和技术规范。即使工程师经验不足，未经过大公司的规范训练，也只需要按照模板填写，按照技术规范设计，即可轻松完成符合行业规范的文档。

第三，实现了对创业孵化生态系统资源调度的实时溯源。在凌波系统中，每个任务都需要对应的输入和输出文档，每个任务的输出文档都需要经过审核，每个阶段都需要审核通过才能进入下一个阶段。对个人来讲，每个工作都需要留痕，每个任务都需要审核，这就意味着创业生态系统内的创业企业不用担心某些员工离职而导致此项工作从头再来。这大大降低了人员流动给项目开发带来的损失，缩短了员工调动的工作交接时间。洪泰智造还为创业生态系统开发了"补贴易"服务体系，对中国各地区的政策进行了标准化解读和标签化处理以及智能关联，实现政策的有效检索与查找、精准推送、智能评估等服务。通过数据分析，全景式的展示每一条政策的生命轨迹，为创业企业提供全生命周期的政策识别与应用服务。目前为止，洪泰智造补贴易体系服务的企业用户数量超过 3200 家，为创业企业申请的额度超过 5000 万元。

以洪泰智造为核心的创业孵化生态系统演化过程各阶段特点如表 8.2所示。

表 8.2　洪泰智造为中心的创业生态系统演化过程各阶段特点

创业孵化生态系统发展阶段	主 要 工 作	关键词	生态系统组分状态	涉及主体	核心要素
信息收集阶段	以投资为主要业务，以提供资源链接为次要业务，通过投资的方式与各方建立联系，并逐步筛选出有潜力、有价值的地区，为建设实体孵化工场做好准备，实现纯创业投资向实体孵化的转型。	试探性接触针对性遴选快速切入	资源零碎化流程片段化	创业企业社会资本	洪泰智造基金等
资源获取与模式设计阶段	依托成都智造工场的经验，开始了全国范围内的布局，在各地分批次发展了分支工场，逐渐开始形成一个体系庞大的创业生态系统，在硬件配置和资源整合方面逐步扩展，这一阶段主要以实体孵化为主。	适应性设计区域性整合	地方性整合跨区域割裂	创业企业地方政府产业联盟地方高校	各地智造工场、智造实验室、快速生产线等
跨区域整合阶段	通过为创业企业提供深度技术服务的方式，围绕创业企业的核心需求，跨地域地联合各方进行资源整合，实现互联沟通与对创业生态系统的实时管理，为创业企业提供专业化的深度创业服务，这一过程主要依托线上软件设施的建设为主。	标准化建设跨地域链接	一体化联动化	创业企业产业联盟地方高校社会网络	凌波系统、补贴易、洪泰吃糖会等

（4）双元能力在创业孵化生态系统演化中的作用

在创业孵化生态系统演化过程中，硬科技孵化器作为创业孵化生态系统的核心，在其中扮演了不同的角色，其主要职能与作用在创业孵化生态系统演化过程中的每一个阶段均有所不同。在信息收集阶段，洪泰智造通过为智能制造领域创业企业提供投资，与创业企业建立密切关系；在资源获取与模式设计阶段，洪泰智造注重获取、整合与利用多方资源，为创业孵化生态系统提供实体支撑；在跨区域整合阶段，洪泰智造将通用性资源进行集中化与标准化，建立高效的跨区域资源整合体系与管理体系，如图 8.4 所示。一方面，硬科技孵化器通过支持现有的战略行动来推动创业孵化生态系统的演化，另一方面，硬科技孵化器为下一阶段的战略行动做布局，使得创业孵化生态系统能够在适应当前工作的前提下，快速切换并跨入新的演化阶段。

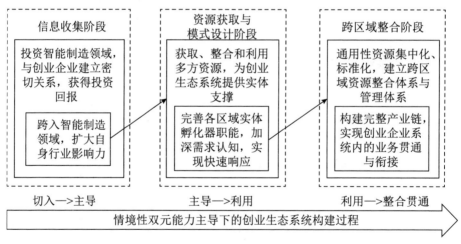

图 8.4 双元能力引导下硬科技孵化器当前与未来战略行动的衔接

在利用双元能力推动创业孵化生态系统演化的过程中，洪泰智造面临着一致性与适应性的矛盾：一致性要求硬科技孵化器的工作要点与核心紧紧围绕于当前的战略目标，合理地对已有资源进行高效利用；适应性要求硬科技孵化器能够快速理解并响应未来的战略目标，快速实施并执行新的决策。上述冲突的解决有赖于洪泰智造的双元能力，这种能力引导孵化器内部在推动以其自身为核心的创业孵化生态系统演化过程中判断如何在一致性和适应性之间合理地分配时间和资源，帮助孵化器内部员工有效地平衡探索活动和利用活动，主要包括结构性双元能力、环境性双元能力与领导性双元能力。

结构性双元能力指的是将承担不同职能、具有不同规划的生态系统成分进行区分，包含"分离"和"利用"两个方面，在不同的空间或者结构中设置彼此相异的结构性机制，但与之配套的是相似的文化氛围与愿景规划，从而更好地应对不同发展目标的竞合性要求。研究发现，空间分离的结构与职能分离的结构具有嵌套性，在创业孵化生态系统演化的第二阶段，洪泰智造根据地方的资源特点设置了不同的工作要求，成都智造工厂由于邻近电子科技大学等，周边的创业环境能够提供较多的大型设备，因此承担了电子元器件的设计与生产制造等任务，为巩固第二阶段的实体支撑起到了重要的作用。北京总部由于具备丰裕的技术资源，且对孵化生态系统整体的发展有较大的引导作用和战略规划权力，因此适合为下一阶段跨区域的整合与贯通进行布局，洪泰智造对两个不同目标的战略行动通过空间分离的形式进行了人为的分割，确保相互之间互不影响。这种能力产生于由规范、支持和信任构成的组织情境，纪律和张力来源于有效的绩效管理；支持和信任则来源于洪泰智造内部清晰的战略规划和适度的放权。此外，洪泰智造还构造了一系列的绩效指标，用于衡量服务于现阶段战略的具体行动。例如在创业孵化生态系统的第一阶段，洪泰智造为投资人员设定了具体详细的投资回报比，在第二阶段，洪泰智造的高层管理人员会为设备的添置、场地的获批设定具体的指标，从而保障当前战略的具体实施。

情境性双元能力指的是通过营造共同文化价值观和规范，促进孵化器内部工作人员的相互学习和能力吸收，实现"探索"和"融合"。洪泰智造赋予了地方智造工场经理、项目经理、投资经理以足够的自由度，允许他们适度进行资源的调配和利用，以洪泰智造的 CEO 乔会君为代表的高层管理人员也通过各种形式对各地的工作人员表达关怀，在承诺对他们工作的支持与信任的同时，不断传递"共同创业""打造智能制造领域创业生态"的愿景，这使得员工产生一种服务于整体生态系统未来发展的责任意识，为员工塑造了战略规划意愿，使得员工能够基于地方具体状况主动地探索与布局创业孵化生态系统下一阶段的发展。另一方面，洪泰智造在每一个分离的分支结构内，又进行了职能的融合。例如，在洪泰智造的成都工场，智造工场经理一方面需要负责整个生产线的运营，不断与蜂鸟工厂、长虹集团等企业进行对接，另一方面也会不断以文本的形式记录和提炼智能制造领域创业企业的通性技术问题以及生产物料的供应情况，并将相应的情况定期上报给北京总部，帮助北京总部不断调整通用技术团队的人力、技术与供应链资源建设方案，从而为下一阶段的整合贯通奠定基础。

领导性双元能力指的是高层管理者在结构性双元和情境性双元建设中的支持和引导能力。洪泰智造的高层管理人员具备鲜明分化的专业领域，俞敏洪作为洪泰基金与洪泰智造的主要出资者，具有一定的社会影响力，能够为整个创业孵化生态系统提供资金方面的支持；乔会君作为理工领域的博士、中国人工智能产业创新联盟副理事长，专注于智能制造及人工智能等领域的产业服务，曾带领团队先后服务于全球一线运营商，以及华为、海尔等全球500强公司，能够为创业孵化生态系统提供战略导向、实体制造以及技术整合的支持；盛希泰作为中华全国青联常委、中央国家机关青联常委及中央企业青联常委，也是著名的天使投资人与孵化工作者，曾主导培育了中联重科、大族激光、蓝色光标等大型制造类企业，能够为以孵化器为核心的创业孵化生态系统贯通投资与退出环节，创造良性循环。同时，盛希泰的社会任职也有助于创业生态系统打通与政府的对接与合作，有助于从政府获取硬件设施、政策及场地的支持。可以看出，尽管三位高层管理者的专业领域分化鲜明，但是作为一个整体，洪泰智造的高层管理者具备了理解和支持各发展阶段的能力，以孵化器为核心的创业孵化生态系统能够有较强的统筹能力，从而使当前战略行动能够得到稳定支持，未来战略行动能得到足够的重视和提前布局，两者也能够形成良好的融合。此外，洪泰智造的高层管理人员时刻保持与一线员工的沟通，在形成对创业孵化生态系统整体认知的基础上，不断优化和展望未来发展，支持和引导创业孵化生态系统不断进行双元性实践。

总体来说，以洪泰智造为核心的创业生态系统演化过程中，三种类型的双元能力所组成的架构主要以领导性双元能力为核心，高层管理者通过制定双元性战略并付诸实施，为结构性双元能力和环境性双元能力提供了两种类型的支撑：一种是"支持"，主要作用于结构性双元能力，指的是通过出台系列政策和明确的保障措施，确保结构性双元能力能够通过空间分离的方式使得不同目标的行动主体能够产生空间阻隔，进而为两个方向行动预留出足够的空间、阻断了相互间的干扰、资源争夺和约束，这种支持带有一定的强制性；另一种是"引导"，主要作用于环境性双元能力，指的是通过系列措施对整体方向进行引导，从主要但不局限于某一细节的层面引导环境性双元能力的整体方向，为员工提供支持与信任的方式，鼓励员工了解整个创业生态系统的长期愿景，给予员工解释和实践战略愿景的自由度以充分探索下一发展阶段的模式。三类双元能力在以硬科技孵化器为核心的创业孵化生态系统演化过程中的协调作用如图 8.5 所示。

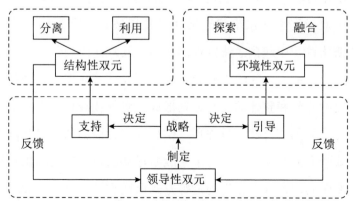

图 8.5　三类双元能力在以硬科技孵化器为核心的创业生态系统演化过程中的协调作用机制

◉ 8.4　研究小结与实践启示

本章聚焦于硬科技创业孵化生态构建与演化问题，选择以我国智能制造孵化行业的典型代表——洪泰智造为研究对象，运用案例研究的方法探究了以硬科技孵化器为中心的创业孵化生态系统演化过程及其机制。主要结论如下。

第一，以硬科技孵化器为核心的创业孵化生态系统演化过程主要分为三个阶段：信息收集阶段、资源获取与模式设计阶段、跨区域整合阶段。在信息收集阶段，洪泰智造以创业投资为主要业务，以提供资源链接为次要业务，通过投资的方式与各地政府、高校、科研机构等建立联系，并逐步筛选出有增值潜力的地区，为建设实体孵化工场做好准备；在资源获取与模式设计阶段，洪泰智造依托成都智造工场的经验，开始在全国范围内进行布局，在各地分批次设立智造工场，逐渐开始形成一个体系庞大的创业孵化生态系统，在硬件配置完善和资源整合方面逐步发力；在跨区域整合阶段，洪泰智造通过为创业企业提供深度技术服务的模式，围绕创业企业的核心需求，以跨地域整合方式将各方资源进行整合，实现了不同区域之间的互联互通以及对创业孵化生态系统的实时管理。

第二，双元能力在洪泰智造推动以硬科技孵化器为核心的创业孵化生态系统演化过程中起到了决定性的作用，其双元能力包含三个部分，分别是结构性双元能力、环境性双元能力和领导性双元能力。洪泰智造高层领导者分化的背景和整体的交互分别形成了对创业孵化生态系统各个发展阶段中双元能力的支持和引导作用，结构性双元能力通过"分离"和"利用"的方式一方面避免了当下与未来战略行动的资源冲突、相互制约和干扰；另一方面利用绩效、行为规范等方式保证了员工对当前战略行动的高效、准确执行；环境性双元能力在领导性双元能力的支持下，通过"融合"与"探索"的方式，一方面在跨职能、跨地域的孵化器员工及其工作之间建立了联系，保证了跨阶段战略行动的有效链接，另一方面又通过鼓励创新和愿景输出的方式推动基层员工与中层管理者共同从实践的角度出发，探索未来战略行动的具体实践，从而为公司整体的战略行动提供基于实践层面的指导。

本章关于硬科技孵化器为中心的创业孵化生态系统演化机制的研究成果对于硬科技孵化器构建完善的创业孵化生态系统，进而促进孵化器和在孵企业的发展具有实践价值，具体如下。

第一，硬科技孵化器应积极主动地推进创业孵化生态系统的构建及适时演化。例如，硬科技孵化器可以遵循"资源供给→资源整合→资源互通"的措施实现创业孵化生态系统的建立与完善。在创业孵化生态系统构建初期，硬科技孵化器通过为硬科技创业企业提供资源，如资金的方式与孵化生态系统中的其他主体建立联系，为创业生态布局奠定基础；在创业孵化生态系统形成时期，硬科技孵化器应注重各区域孵化组成部分资源的高效整合，提升自身硬科技配件支持能力；在创业孵化生态系统相对完善时期，硬科技孵化器应通过促进创业孵化生态系统内部的联动共享，致力于为创业企业提供深度的孵化服务。

第二，硬科技孵化器在搭建与完善创业孵化生态的过程中，应明确自身在其中的主导地位，树立系统性的思维。例如，硬科技孵化器在建立创业孵化生态的过程中，一方面要注重自身在其中的主导地位，担当好整个创业孵化生态系统的统领者、决策者、治理者等关键角色，为创业企业提供多样化的优质创业资源；另一方面也要树立系统性的思维，优化整合系统中各组成部分的次级创业孵化生态系统，提升整体创业孵化生态系统的活力，降低创业孵化生态的系统性风险，推进创业孵化生态良性循环。

第三，硬科技孵化器应培育自身多重的双元能力，通过保持组织的双重灵活性以更好地应对外部变化迅速、不确定性程度高等挑战。例如，硬科技孵化器可以建立与组织运行发展相适应的二元管理模式，通过设立职能各异的创业生态系统组成部分、营造共同的文化价值观及流程规范，并加强高层管理者在组织双元能力建设中的重要作用，以此实现硬科技孵化器多重双元能力的动态耦合，从而在促进硬科技孵化器资源高效运用的同时帮助硬科技孵化器优化布局未来的战略行动，推进自身创业孵化生态的良性可持续发展。

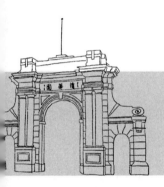

第 9 章　总结与讨论

◉ 9.1 总　　结

本书秉持生态观，在梳理创业和孵化相关文献的基础上，结合对一系列典型案例的深入研究，探索了硬科技创业孵化机制。具体地，本研究明确了硬科技孵化器资源行动演化、工程化能力构建，挖掘了被孵企业组合管理、知识共享治理、多基地资源联动、线上线下体系整合等方面的孵化保障机制，进而构建了硬科技孵化器主导的创业生态系统。主要结论总结如下。

第一，硬科技孵化器的资源行动表现出"资源构筑→资源编排→资源协奏→资源重构"的动态升级。具体来说，在孵化网络初建的理念转变阶段，孵化器可以通过开展资源构筑和资源编排行为，帮助硬科技创业企业改善资源基础、提高资源配置效率，进而促进硬科技创业企业成长；在孵化网络扩张的战略实施阶段，孵化器可以在开展资源构筑和资源编排行为的基础上，通过开展资源协奏行为促进硬科技创业企业资源的优势互补与协调发展，进而助力硬科技创业企业成长；在孵化网络形成的优势凸显阶段，孵化器可以在开展资源构筑、资源编排、资源协奏行为的基础上，通过开展资源重构行为推动硬科技创业企业资源应用场景的延伸及应用边界的拓展，进而驱动硬科技创业企业成长。在内层网络发展完善的过程中，硬科技孵化器资源配置模式、重点及目标不断调整，进而不断优化自身的资源行动选择。

第二，硬科技创业面临着来自市场对接、资源支持、生产规划三个维度上的需求，这种需求刺激孵化器发展出工程化能力。孵化器通过感知能力、利用能力和再配置能力来实现与硬科技创业企业需求的匹配，对企业需求进行快速、准确的回应。孵化器构建工程化能力的机制，包括结构性构建机制和功能性构建机制，其中结构性构建机制包括合作网络嵌入、模块化资源整合和组织结构变革，功能性构建机制包括管理者认知、知识共享和组织间学习。该构建机制通过对被孵企业需求的动态匹配，完成了硬科技孵化器工程化能力的构建。

第三，相较于传统的"一对一"的孵化模式，孵化器促成和保障被孵硬科技创业企业间的价值共创和知识共享过程是一种孵化组合管理，即将孵化器内部被孵企业群体作为组合，充分利用组合中各被孵企业的关联和协同，实现组合整体收益最大化。孵化器内部被孵企业间的"交流→互动→重构"三个交互环节对硬科技创业企业价值链活动具有重要赋能作用，而孵化器可以通过构建"天使投资＋专业孵化＋产业生态"的基础保障和信息、信任、演化三种组合管理机制来实现。此外，面对被孵硬科技创业企业之间的知识共享，孵化器可以通过促进被孵企业间知识共享的频次和成功率来提升孵化成功率。具体地，硬科技孵化器通过辅助匹配治理机制帮助被孵企业寻找和匹配合适的知识共享对象，通过行为优化机制帮助被孵企业降低知识共享的成本，通过绩效分配公平化治理机制帮助被孵企业解决共享绩效与权利分配不合理的问题。

第四，孵化器与其分支基地之间能够形成内层网络。作为资源联动的参与主体，硬科技孵化器基地能够在资源联动的过程中基于自身的资源优势和区位优势选择合适的联动策略，从而在贡献优势、弥补不足的过程中更好地发挥孵化网络的联动价值。作为硬科技孵化器的治理主体，孵化器总部能够在多基地资源联动的过程中构建信息共享、开放合作、协同发展和长远共赢四种机制，促进资源联动效能的有效发挥。

第五，线下孵化和线上孵化不能被单独割裂，二者的融合是硬科技孵化器所受内外部因素共同作用的结果。硬科技孵化器将出于提升硬件设施成本与使用率、创业企业全流程服务工作有效性以及工作对接的标准化与规范性等动机开展线上孵化。线上孵化对被孵企业创业活动起到主导、推动、保障三方面作用，能帮助被孵企业更好地利用政策资源，并建立起被孵企业与其他企业之间的桥梁。硬科技孵化器的"互联网+"转型是一个量动态累积和质变的过程，其沿着"以'模仿+并购'为基础的垂直资源聚合→以实体孵化为主、虚拟孵化为辅的横向资源聚合→以线上线下孵化协同发展的平台式资源聚合"的路径演进，最终使资源聚合能力逐渐演变成孵化器的核心硬科技孵化能力。该过程是硬科技孵化器与内外部环境变化相匹配的过程，也是一系列专业技术吸收、消化、再创新的内化过程。

第六，以硬科技孵化器为中心的创业生态系统的演化过程主要分为信息收集、资源获取与模式设计、跨区域整合三个阶段。双元能力在推动以硬科技孵化器为核心的创业生态系统演化的过程中起到了决定性的作用，主要包含结构性双元能力、环境性双元能力和领导性双元能力三个部分。具体地，硬科技孵化器领导者分化的背景和整体的交互分别形成了对创业生态系统各个阶段发展中双元能力的支持和引导作用；结构性双元能力通过"分离"和"利用"的方式规避了当下与未来战略行动的资源冲突、相互制约和干扰，同时也利用绩效、行为规范等方式保证了员工对当前战略行动的高效、准确执行；而环境性双元能力则在领导性双元能力的支持下，通过"融合"与"探索"的方式在跨职能、跨地域的孵化器员工及其工作之间建立了联系，保证了跨阶段战略行动的有效链接，也又通过鼓励创新和愿景输出的方式推动了基层员工与中层管理者共同从实践的角度出发，探索未来战略行动的具体实践。

◉ 9.2　贡献与应用

以上研究成果的贡献，主要体现在以下几个方面。

第一，虽然已有研究肯定了孵化平台资源行动对被孵企业绩效提升的重要作用（Bridoux et al.，2013；范黎波和林琪，2020），但忽略了孵化平台资源行动的动态演化。本书第 2 章考察了孵化器在内层网络发展不同阶段所采取的资源行动。在内层网络构建初期，网络质量和网络资源发展均不理想，孵化器可以将运营重点放在提升网络搜寻和布局能力方面，而随着网络发展和网络资源质量的改善，孵化器需要逐步培育自身的网络整合能力和网络拓展能力，从而有效激发孵化器资源行动在内层网络中的积极效用。这填补了已有文献对于孵化器资源行动动态性的忽视所形成的理论缺口。

第二，虽然一些学者对小微企业、创业企业的核心能力展开研究，但较少结合核心能力视角去研究孵化器。孵化器作为一种特殊形式的企业，面对的客户是创业企业，孵化器通过为创业企业提供相应的支持以形成自身的持续竞争优势。部分文献从核心能力视角出发考察了孵化器的战略能力（Zedtwitz，2003）、服务能力（Vanderstraeten and Matthyssens，2012）、管理能力（Kim et al.，2020）、成长催化能力与服务增值能力等（霍国庆等，2012），但关于孵化器核心能力的研究尚处于起步阶段。本书第 3 章对孵化器的工程化核心能力进行研究，有助于理解孵化器，特别是硬科技孵化器如何获得并维持持续竞争优势。

第三，过去研究虽然肯定了价值共创视角对孵化器研究的重要性并探索了孵化器、孵化器网络与单一被孵企业间存在的价值共创（Beckett and Dalrymple，2020），但较少将每家被孵企业作为不同的价值创造主体，进而考察被孵企业间的价值共创。本书第 4 章揭示了被孵企业间实现价值共创的过程以及孵化器促进和保障被孵企业间价值共创的具体机制。事实上，相较于传统不考察被孵企业间关联的孵化机制，孵化器促进和保障被孵企业间的价值共创体现了重要的孵化组合管理（Pidun et al.，2011）。孵化器收益取决于被孵企业群体所形成组合的总体增值状况。因此，孵化器充分利用各被孵企业间的价值共创，有助于实现组合整体收益最大化。已有研究表明，组合投资具有明显优于单一投资的绩效（Knill，2009）。组合中的资源整合，能提升规模经济和范围经济，增加组合价值（Vassolo et al.，2004）。

第四，不同于现有创业孵化领域所引入的各类型视角（李赋薇等，2020；李振华等，2019；Kim et al.，2020；王凤彬等，2019），本书第5章从知识视角，结合创业孵化领域的实际，归纳了该领域中知识共享的过程，并以此为基础分析了被孵企业在孵化过程中所面临的问题和困难，强调了孵化器主动进行知识治理的必要性。此外，已有的基于知识基础理论的孵化机制主要针对从孵化器向被孵企业的单向知识转移或孵化器作为内外部知识转移的中介，本书第5章探讨了一种针对被孵企业间知识共享过程进行治理的孵化机制，强调孵化器能够通过知识治理的系统性设计，从促进被孵企业知识共享意愿的角度，推动被孵企业间知识共享活动的发生，从而提升孵化成功率。此外，第5章也从共享意愿的角度对相应机制进行了机理层面的解释。

第五，现有关于孵化内层网络的文献主要聚焦于内层网络的运行模式、组织成员关系等（Branstad and Saetre，2016；Cantu，2015），指出孵化内层网络作为主体间互动或合作的一种信任载体，为成员间的资源流动提供了可贵机会（Ebbers，2014），同时内层网络中成员间的非正式关系对于促进互补资源优化组合起到重要作用（Schwartz and Hornych，2010）。但这些研究大多只涉及内层网络资源联动的某一方面，对于孵化器在内层网络中资源联动的具体过程及微观机理缺乏足够关注（Eveleens et al.，2017）。本书第6章提出的内层网络情境下孵化器资源联动价值的实现机制，既是对 Schwartz 和 Hornych（2010）关于孵化内层网络有效性研究的细化与延伸，也能够填补现有研究对于孵化总部这一网络治理角色忽视所形成的理论空缺（Cooper et al.，2012）。此外，第 6 章对于孵化基地参与资源联动过程策略选择的探讨，将孵化器内部关键权变因素纳入资源联动过程形成的研究范畴，解释了资源联动过程有序进行的微观机制，弥补了已有研究对于孵化器内部主体多元性和差异性的忽视所形成的理论缺口（Bacalan et al.，2019；Breivik-Meyer et al.，2020；Apa et al.，2017）。

第六，现有研究存在缺乏严谨的"互联网+"背景下孵化器资源聚合的路径演进，并没有将实体孵化和虚拟孵化作为一个整体看待。根本原因在于当前技术创新理论、技术创新动态能力观和演化理论没有进行深入对话。当前企业技术创新研究主要从"消化吸收→二次创新→集成创新→原始创新"的路径展开，侧重于资源聚合行为和内外部环境因素的静态关系，对于孵化器的资源聚合的演化过程关注较少。本书第 7 章指出，孵化器资源聚合会随外界互联网技术进步、自身技术积累和企业需要生存的紧迫感的加强而变化。该研究视角克服了以往企业技术创新的静态视角，从资源聚合动态演进视角，剖析了孵化器线上线下资源聚合方式的动态规律性。

第七，尽管很多学者已经意识到孵化器完成了从社会公益性的组织到追求绩效的企业这一转变（Kim et al.，2020），在创业生态系统中扮演了更加重要的角色，但鲜有研究者以孵化器为中心开展相应研究，且已有的研究大多集中在静态层面上。本书第 8 章通过纵向研究发现了以孵化器为中心的创业生态系统的演化机制，廓清了不同要素之间互动的逻辑关系。此外，第 8 章将双元能力视角引入到了创业生态系统研究中，辩证地研究了如何协调结构性双元与环境性双元两种相互冲突的能力以同时保障不同阶段创业生态系统的当下与未来战略行动的顺利开展，在已有研究的基础上（Jansen et al.，2009；Kauppila and Tempelaar，2016；Rosing et al.，

2011），探索了两种行动之间竞合关系的调和或衔接，能够从理论内的角度详细地剖析新兴领域创业生态系统快速演化的过程，进一步解答了孵化器如何快速通过双元能力的应用切入一个新兴领域、主导利益相关方、利用并整合贯通跨地域资源，从而形成稳定创业生态系统的具体过程。

◉ 9.3 研究展望

第一，本书从定性角度对洪泰智造、中科创星、启迪之星等硬科技孵化器的创业孵化服务进行了分析，但缺乏基于量化指标的孵化器运行效率分析。未来可以借助实证研究分析硬科技创业孵化的前因和影响，以及企业、孵化器乃至宏观制度层面影响硬科技孵化效率的关键因素，以深化相关研究。

第二，硬科技孵化器具有明显的个性化和区域化特征。例如，中科创星的科研院所背景使其天然拥有较为丰富的硬科技孵化经验和相对完整的硬科技产业生态。因此，不同类型孵化器的硬科技创业孵化机制可能会与本书结论存在差异。未来可以分析不同类型孵化器在开展硬科技创业孵化时的机制差异。

第三，本书借助了价值共创、知识共享、双元能力、内层网络等理论视角探究硬科技创业孵化机制。但硬科技创业孵化本身是一项复杂工程，未来可以从其他视角去考察有关硬科技创业孵化机制的问题，从而完善硬科技创业孵化理论。

参 考 文 献

[1] 毕可佳，胡海青，张道宏．2017. 孵化器编配能力对孵化网络创新绩效影响研究——网络协同效应的中介作用 [J]. 管理评论，29(04): 36-46.

[2] 曹宪娜．2021. 双元能力与战略一致性对跨境电商企业韧性的影响 [J]. 商业经济研究，(03): 152-155.

[3] 程郁，崔静静．2016. 孵化器税收优惠政策的传导效应评估 [J]. 科研管理，37(03): 101-109.

[4] 董静，余婕．2020. 外层网络资源获取、制度环境与孵化器创新绩效研究 [J]. 科技进步与对策，37(10): 1-10.

[5] 范黎波，林琪．2020. 平台企业资源管理能力构建及演化路径——基于资源理论的双案例研究 [J]. 经济管理，42(09): 49-63.

[6] 高歌．2017. 新工业革命中智能制造与能源转型的互动 [J]. 科学管理研究，35(05): 45-48.

[7] 侯宇，胡蓓．2019. 人 - 工作匹配视角下高绩效人力资源实践对个体创造力的影响研究 [J]. 管理评论，31(03): 131-142.

[8] 胡海青，王兆群，张琅．2017. 孵化器控制力对创新孵化绩效的影响：一个有调节的中介效应 [J]. 南开管理评论，20(06), 150-162: 177.

[9] 黄波，莫祯贞，李超然．2019. 硬科技创业趋势及企业成长生态研究 [J]. 中国市场，(08): 1-4.

[10] 黄昊，王国红，秦兰．2020. 科技新创企业资源编排对企业成长影响研究：资源基础与创业能力共演化视角 [J]. 中国软科学，(07): 122-137.

[11] 黄江明，李亮，王伟．2011. 案例研究：从好的故事到好的理论——中国企业管理案例与理论构建研究论坛 (2010) 综述 [J]. 管理世界，(02): 118-126.

[12] 黄群慧．2002. 企业核心能力理论与管理学学科的发展 [J]. 经济管理，(20): 4-9.

[13] 黄涛，李光．2005. 我国科技企业孵化器研究现状综述 [J]. 中国科技论坛，(02): 68-72.

[14] 黄钟仪，向玥颖，熊艾伦，等．2020. 双重网络、双元拼凑与受孵新创企业成长：基于众创空间入驻企业样本的实证研究 [J]. 管理评论，32(05): 125-137.

[15] 霍国庆，郭俊峰，袁永娜，等．2012. 基于价值链的科技企业孵化器核心竞争力评价研究 [J]. 数学的实践与认识，42(24): 84-94.

[16] 孔栋，余艳，左美云．2019. 孵化器对在孵企业提供的创业能力支持服务——单案例研究 [J]. 技术经济，38(08): 71-77, 107.

[17] 李德辉，范黎波，杨震宁．2017. 企业网络嵌入可以高枕无忧吗——基于中国上市制造业企业的考察 [J]. 南开管理评论，20(01): 67-82.

[18] 李赋薇，李振华，杨俊，等 . 2020. 共享认知、无形资源获取与在孵企业创新绩效 [J]. 科学学研究，38(08): 1489-1497.

[19] 李拓宇，魏江，华中生，等 . 2020. 集群企业知识资产治理模式演化研究 [J]. 科研管理，41(08): 60-71.

[20] 李振华，李赋薇 . 2018. 孵化网络、集群社会资本与孵化绩效相关性 [J]. 管理评论，30(08): 79-89.

[21] 李振华，刘迟，吴文清 . 2019. 孵化网络结构社会资本、资源整合能力与孵化绩效 [J]. 科研管理，40(09): 190-198.

[22] 厉杰，吕辰，于晓宇 . 2018. 社会创业合法性形成机制研究述评 [J]. 研究与发展管理，30(2): 148-158.

[23] 梁强，邹立凯，宋丽红，等 . 2017. 组织印记、生态位与新创企业成长——基于组织生态学视角的质性研究 [J]. 管理世界，(06): 141-154.

[24] 刘刚，张泠然，梁晗，等 . 2021. 互联网创业的信息分享机制研究——一个整合网络众筹与社交数据的双阶段模型 [J]. 管理世界，37(02): 107-125，9.

[25] 路甬祥 . 2010. 走向绿色和智能制造（一）中国制造发展之路 [J]. 电气制造，(04): 14-18.

[26] 彭伟，金丹丹 . 2018. 包容型领导对团队创造力影响机理研究：一个链式中介模型 [J]. 科技进步与对策，35(19): 123-130.

[27] 彭学兵，王乐，刘玥伶，等 . 2019. 效果推理决策逻辑下创业资源聚合与新创企业绩效的关系研究 [J]. 管理评论，31(8): 123-131.

[28] 乔新生 . 2017. 知识产权领域拒绝"搭便车" [J]. 浙江人大，(01): 69.

[29] 苏敬勤，林菁菁，张雁鸣 . 2017. 创业企业资源行动演化路径及机理——从拼凑到协奏 [J]. 科学学研究，35(11): 1659-1672.

[30] 唐明凤，李翠文，程郁 . 2015. 基于创新工厂案例的新型孵化器商业模式研究 [J]. 科研管理，36(S1): 102-109.

[31] 王丹，姜骞 . 2019. 网络编配能力、知识场活性与科技企业孵化器服务创新绩效——创新战略有效性的调节效应 [J]. 技术经济，38(02): 32-39.

[32] 王凤彬，王骁鹏，张驰 . 2019. 超模块平台组织结构与客制化创业支持——基于海尔向平台组织转型的嵌入式案例研究 [J]. 管理世界，35(02): 121-150，199-200.

[33] 王国红，黄昊，秦兰 . 2020. 技术新创企业创业网络对企业成长的影响研究 [J]. 科学学研究，38(11): 2029-2039.

[34] 王国红，周建林，邢蕊 . 2015. 孵化器"内网络"情境下社会资本、联合价值创造行为与在孵企业成长的关系研究 [J]. 中国管理科学，23(S1): 650-656.

[35] 王康，李逸飞，李静，等 . 2019. 孵化器何以促进企业创新？——来自中关村海淀科技园的微观证据 [J]. 管理世界，35(11): 102-118.

[36] 王喜刚 . 2016. 组织创新、技术创新能力对企业绩效的影响研究 [J]. 科研管理，37(02): 107-115.

[37] 王晓青，吴秋明，周霖. 2020. 企业孵化器国际研究的知识图谱分析 [J]. 技术经济，39(08): 104-113.

[38] 王毅，陈劲，许庆瑞. 2000. 企业核心能力：理论溯源与逻辑结构剖析 [J]. 管理科学学报，(03): 24-32，43.

[39] 王寅，张英华，王饶，等. 2016. 组织双元性创新模式演化路径研究——两种"次优"能力陷阱讨论 [J]. 科技进步与对策，33(08): 93-100.

[40] 翁莉，殷媛. 2016. 长三角地区科技企业孵化器运行效率分析——以上海、杭州和南京为例 [J]. 科学学与科学技术管理，37(03): 106-115.

[41] 乌仕明，李正风. 2019. 孵化到众创：双创政策下技术企业孵化器的转型 [J]. 科学学研究，37(9): 1626-1631，1701.

[42] 吴玉伟，施永川. 2019. 科技型小微企业"硬"科技创业动力要素与孵化模式研究 [J]. 科学管理研究，37(01): 70-73.

[43] 肖丁丁，朱桂龙. 2017. 跨界搜寻、双元能力结构与绩效的关系研究——基于创新能力结构视角 [J]. 经济管理，39(03): 48-62.

[44] 熊有伦. 2013. 智能制造 [J]. 科技导报，(10): 3.

[45] 许可，徐二明. 2002. 企业资源学派与能力学派的回顾与比较 [J]. 经济管理，(02): 10-17.

[46] 杨斌，肖尤丹. 2019. 国家科研机构硬科技成果转化模式研究 [J]. 科学学研究，37(12): 2149-2156.

[47] 杨博旭，王玉荣，李兴光. 2019. "厚此薄彼"还是"雨露均沾"——组织如何有效利用网络嵌入资源提高创新绩效 [J]. 南开管理评论，22(03): 201-213.

[48] 杨震宁，李东红，范黎波. 2013. 身陷"盘丝洞"：社会网络关系嵌入过度影响了创业过程吗？[J]. 管理世界，(12): 101-116.

[49] 殷群，张娇. 2010. 长三角地区科技企业孵化器运行效率研究——基于 DEA 的有效性分析 [J]. 科学学研究，28(01): 86-94.

[50] 殷群. 2008. 企业孵化器研究热点综述 [J]. 科研管理，(01): 157-163.

[51] 俞园园，梅强. 2014. 基于组织合法性视角的产业集群嵌入创业研究 [J]. 科学学与科学技术管理，35(05): 91-99.

[52] 张宝建，孙国强，裴梦丹，等. 2015. 网络能力、网络结构与创业绩效——基于中国孵化产业的实证研究 [J]. 南开管理评论，18(02): 39-50.

[53] 张红兵. 2013. 技术联盟知识转移有效性的差异来源研究——组织间学习和战略柔性的视角 [J]. 科学学研究，31(11): 1687-1696，1707.

[54] 张力，刘新梅，戚汝庆. 2012. 孵化器"内网络"的构建与扩张——结构模型与实证分析 [J]. 科学学与科学技术管理，33(09): 5-12.

[55] 张力，刘新梅. 2012. 在孵企业基于孵化器"内网络"的成长依赖 [J]. 管理评论，24(09): 103-110，163.

[56] 张璐，梁丽娜，苏敬勤，等 . 2020. 破茧成蝶：创业企业如何突破能力的刚性束缚实现进阶？[J]. 管理世界，36(06):189-201，253.

[57] 张映锋，张党，任杉 . 2019. 智能制造及其关键技术研究现状与趋势综述 [J]. 机械科学与技术，38(03): 329-338.

[58] 赵中华，孟凡臣 . 2019. 知识治理对目标方知识员工行为激励的机理研究 [J]. 南开管理评论，22(03): 4-14.

[59] 周济 . 2015. 智能制造——中国制造 2025 的主攻方向 [J]. 中国机械工程，26(17): 2273-2284.

[60] 周文辉，何奇松 . 2021. 创业孵化平台赋能对资源配置优化的影响——基于机制设计视角的案例研究 [J]. 研究与发展管理，33(01): 162-174.

[61] 祝振铎，李新春 . 2016. 新创企业成长战略 : 资源拼凑的研究综述与展望 [J]. 外国经济与管理，38(11): 71-82.

[62] Abhishek S，Bartol K M，Locke E A. 2006. Empowering Leadership in Management Teams: Effects on Knowledge Sharing，Efficacy，and Performance[J]. Academy of Management Journal，49(6): 1239-1251.

[63] Adlesic R V，Slavec A. 2012. Social Capital and Business Incubators Performance: Testing the Structural Model[J]. Economic & Business Review，14(3): 201-222.

[64] Amezcua A S，Grimes M G，Bradley S W，et al. 2013. Organizational sponsorship and founding environments: A contingency view on the survival of business-incubated firms，1994-2007[J].Academy of Management Journal，56(6): 1628-1654.

[65] An W，Zhao X，Cao Z，et al. 2017. How Bricolage Drives Corporate Entrepreneurship: The Roles of Opportunity Identification and Learning Orientation[J]. Journal of Product Innovation Management，20(1): 118-129.

[66] Apa R，Grandinetti R，Sedita S R. 2017. The social and business dimensions of a networked business incubator: the case of h-farm[J].Journal of Small Business and Enterprise Development，24(2): 198-221.

[67] Ayatse F A，Kwahar N，Iyortsuun A S. 2017. Business incubation process and firm performance: an empirical review[J]. Journal of Global Entrepreneurship Research，7(1): 1-17.

[68] Bacalan R，Cupin M，Go L A，et al. 2019. The incubatees' perspective on identifying priority enabling factors for technology business incubators[J]. Engineering Management Journal，31(3): 177-192.

[69] Barbero J L，Casillas J C，Wright M，et al. 2014. Do different types of incubators produce different types of innovations[J]. The Journal of Technology Transfer，39(2): 151-168.

[70] Baum J A，Li S X，Usher J M. 2000. Making the next move: How experiential and

vicarious learning shape the locations of chains' acquisitions[J]. Administrative Science Quarterly，45(4): 766-801.

[71] Beckett R，Dalrymple J. 2020. A Triadic actor view of value co-creation in business incubation[J]. Technology Innovation Management Review，10(8): 27-37.

[72] Beugelsdijk S. 2008. Strategic human resource practices and product innovation[J]. Organization studies，29(6): 821-847.

[73] Blanka C，Traunmuller V. 2020. Blind date? Intermediaries as matchmakers on the way to start-up-industry coopetition[J]. Industrial Marketing Management，90(1): 1-13.

[74] Bøllingtoft A. 2012. The bottom-up business incubator:leverage to networking and cooperation practices in a self-generated，entrepreneurial-enabled environment[J]. Technovation，32(5): 304-315.

[75] Borzillo S. 2017. Balancing control and autonomy in communities of practice: governance patterns and knowledge in nine multinationals[J]. Journal of Business Strategy，38(3): 10-20.

[76] Branstad A，Saetre A S. 2016.Venture creation and award-winning technology through coproduced incubation[J]. Journal of Small Business and Enterprise Development，23(1): 240-258.

[77] Breivik-Meyer M，Arntzen-Nordqvist M，Alsos GA. 2020. The role of incubator support in new firms accumulation of resources and capabilities[J]. Innovation: Organization & Management，22(3): 228-249.

[78] Bridoux F，Smith K G，Grimm C M. 2013. The management of resources: Temporal effects of different types of actions on performance[J]. Journal of Management，39(4): 928-957.

[79] Brown R，Mason C. 2014. Inside the high-tech black box: A critique of technology entrepreneurship policy[J]. Technovation，34(12): 773-784.

[80] Bruneel J，Ratinho T，Clarysse B，et al. 2012. The evolution of business incubators: Comparing demand and supply of business incubation services across different incubator generations[J]. Technovation，32(2): 110-121.

[81] Cantu C. 2015. A service incubator business model: external networking orientation[J]. IMP Journal, 9(3): 267-285.

[82] Chen F，Meng Q，Li X. 2018. Cross-border post-merger integration and technology innovation: A resource-based view[J]. Economic Modelling，68: 229-238.

[83] Cooper C E，Hamel S A，Connaughton S L. 2012. Motivations and obstacles to networking in a university business incubator[J]. Journal of Technology Transfer，37(4): 433-453.

[84] Dag H H，Lise A. 2020. Incubation of technology-based student ventures: The impor-

tance of networking and team recruitment[J]. Technology in Society，63: 115-135.

[85] Danny S. 2019. Examining change in entrepreneurial networks: Using visualisation as an alternative approach[J]. European Management Journal，37(2): 139-150.

[86] Douma M U，Bilderbeek J，Idenburg P J，et al.2000. Strategic alliances: managing the dynamics of fit[J]. Long Range Planning，33(4): 579-598.

[87] Dyer J H，Hatch N W. 2004. Using supplier networks to learn faster[J]. MIT Sloan Management Review，45(3): 57-66.

[88] Ebbers J J. 2014. Networking behavior and contracting relationships among entrepreneurs in business incubators[J]. Entrepreneurship: Theory and Practice，38(5): 1159-1181.

[89] Eggers J P，Kaplan S. 2013. Cognition and capabilities: a multi-level perspective[J]. Academy of Management Annals，7(1): 295-340.

[90] Egle V，Petra A. 2019. Entrepreneurial orientation and start-ups' external financing[J]. Journal of Business Venturing，34(3): 439-458.

[91] Eisenhardt K M，Brown SL. 1998. Competing on the edge: strategy as structured chaos[J]. Long Range Planning，31(5): 786-789.

[92] Eisenhardt K M，Graebner M. 2007. Theory building from cases：opportunities and challenges[J]. Academy of Management Journal，50(2): 25-32.

[93] Eisenhardt K M. 1989. Building theories from case study research[J]. Academy of Management Review，14(4): 532-550.

[94] Eveleens C P，Van Rijnsoever F J，Niesten E M M I. 2017. How network-based incubation helps start-up performance: A systematic review against the background of management theories[J]. Journal of Technology Transfer，42(3): 676-713.

[95] Fang S C，Tsai F S，Lin J L. 2010. Leveraging tenant-incubator social capital for organizational learning and performance in incubation programme[J]. International Small Business Journal，28(1): 90-113.

[96] Ferri P J，Deakins D，Whittam G. 2009. The measurement of social capital in the entrepreneurial context[J]. Journal of Enterprising Communities: People and Places in the Global Economy，3(2): 138-151.

[97] Fogel G. 2001. An analysis of entrepreneurial environment and enterprise development in Hungary[J]. Journal of Small Business Management，39(1): 103-109.

[98] Francisco M V，Domingo R S，Norat R T. 2015. Firm survival: The role of incubators and business characteristics[J]. Journal of Business Research，68(4): 793-796.

[99] Galvão A，Marques C，Franco M，et al. 2019.The role of start-up incubators in cooperation networks from the perspective of resource dependence and interlocking directorates[J]. Management Decision，57(10): 2816-2836.

[100] Ge B，Sun Y，Chen Y. 2016. Opportunity Exploitation and Resource Exploitation: An Intergative Growth Model for Entrepreneurship[J]. Internet Research，26(2): 498-528.

[101] Gebauer H，Edvardsson B，Gustafsson A，et al. 2010. Match or mismatch: Strategy-structure configurations in the service business of manufacturing companies[J]. Journal of Service Research，13(2): 198-215.

[102] Gema A M，Pejvak O. 2016. How useful are incubators for new entrepreneurs?[J] Journal of Business Research，69(6): 2125-2129.

[103] Ghemawat P，Ricart Costa J E I. 1993. The organizational tension between static and dynamic efficiency[J]. Strategic Management Journal，14(S2): 59-73.

[104] Giudici A，Reinmoeller P，Ravasi D V. 2018. Open-system orchestration as a relational source of sensing capabilities: Evidence from a venture association[J]. Academy of Management Journal，61(4): 1369-1402.

[105] Gupta A K，Smith K G，Shalley C E. 2006. The interplay between exploration and exploitation[J]. Academy of management journal，49(4): 693-706.

[106] Hansen M T. 2002. Special issue: knowledge，knowing，and organizations: knowledge networks: explaining effective knowledge sharing in multiunit companies[J]. Organization Science，13(3): 232-248.

[107] Hartley J，Allison M. 2010. Good，better，best? inter-organizational learning in a network of local authorities[J]. Public Management Review，4(1): 101-118.

[108] Hausberg J P，Korreck S. 2020. Business Incubators and Accelerators: a Co-citation Analysis-based，Systematic Literature Review[J]. The Journal of Technology Transfer，45(1):151-176.

[109] Helfat C E，Finkelstein S，Mitchell W，et al. 2007. Dynamic capabilities: Understanding strategic change in organizations[J]. Academy of Management Review，30(1): 203-207.

[110] Hillemane B S M，Satyanarayana K，Chandrashekar D. 2019. Technology business incubation for start-up generation a literature review toward a conceptual framework[J]. International Journal of Entrepreneurial Behaviour& Research，25(7): 1471-1493.

[111] Hite J M. 2005. Evolutionary Processes and Paths of Relationally Embedded Network Ties in Emerging Entrepreneurial Firms[J]. Entrepreneurship Theory & Practice，29(1): 113-144.

[112] Hong J，Zheng R，Deng H，et al. 2019. Green supply chain collaborative innovation，absorptive capacity and innovation performance: Evidence from China[J]. Journal of Cleaner Production，241(20): 118-139.

[113] Hoyer W D，Chandy R，Dorotic M，et al. 2010. Consumer co-creation in new product developmen[J]. Journal of Service Research，13(3): 283-296.

[114] Hughes M，Ireland R D，Morgan R E.2007. Stimulating dynamic value: Social capital and business incubation as a pathway to competitive success[J]. Long Range Planning，40(2): 154-177.

[115] Jansen J J P，Vera D，Crossan M. 2009. Strategic leadership for exploration and exploitation: the moderating role of environmental dynamism[J]. The Leadership Quarterly，20(1): 5-18.

[116] Jarunee W. 2016. The innovation incubator，university business incubator and technology transfer strategy: The case of Thailand[J]. Technology in Society，46: 18-27.

[117] Jelinek M，Burstein M C. 1982. The production administrative structure: A paradigm for strategic fit[J]. Academy of Management Review，7(2): 242-252.

[118] Jin H，Yang Y，Hongying W，et al. 2019. Incubator Interdependence and Incubation Performance in China's Transition Economy: The Moderating Roles of Incubator Ownership and Strategy[J]. Technology Analysis & Strategic Management，31(1): 96-110.

[119] Johan B，Tiago R，Bart C，et al. 2012. The Evolution of Business Incubators: Comparing demand and supply of business incubation services across different incubator generations[J]. Technovation，32(2): 110-121.

[120] Josep B，Prabhu S. 2017. Management control and trust in virtual settings: A case study of a virtual new product development team[J]. Management Accounting Research，37: 12- 29.

[121] Kauppila O P，Tempelaar M P. 2016. The social-cognitive underpinnings of employees' ambidextrous behaviour and the supportive role of group managers' leadership[J]. Journal of Management Studies，53(6): 1019-1044.

[122] Keld L，Bart L，Ngoc H N，et al. 2020. Mounting corporate innovation performance: The effects of high-skilled migrant hires and integration capacity[J]. Research Policy，49(9):104-134.

[123] Kim D，Kim Y，Song C. 2020. A study on the core management competencies of ventures formed by entrepreneur's incubator organizations and startup experience: Focusing on the biomedical industry in Korea[J]. Asia-Pacific Journal of Business Venturing and Entrepreneurship，15(1): 269-284.

[124] Knill A. 2009. Should venture capitalists put all their eggs in one basket? Diversification versus pure-play strategies in venture capital[J]. Financial Management，38(3): 441-486.

[125] Kwon S，Lowry M，Qian Y. 2020. Mutual fund investments in private firms[J]. Jour-

nal of Financial Economics，136(2): 407-443.

[126] Lawrence P R，Lorsch J W. 1967. Differentiation and integration in complex organizations[J]. Administrative Science Quarterly，12(1): 1-47.

[127] Liu Y，Li Y，Shi L H，et al. 2017. Knowledge transfer in buyer-supplier relationships: The role of transactional and relational governance mechanisms[J]. Journal of Business Research，2017，78(9): 285-293.

[128] M'Chirgui Z，Guerfali A，Lamine W，et al. 2015. Boosting new venture projects through incubator development programme[J]. Applied Economics Letters，22(6): 436-440.

[129] Martin L，Maria C L，Jan Z. 2019. Do business incubators really enhance entrepreneurial growth? Evidence from a large sample of innovative Italian start-ups[J]. Technovation，82: 25-34.

[130] Mason C，Brown R. 2014. Entrepreneurial ecosystems and growth oriented entrepreneurship[J]. Final report to OECD，30(1): 77-102.

[131] Maura M，Rodney M. 2008. High tech start-ups in University Science Park incubators: The relationship between the start-up's lifecycle progression and use of the incubator's resources[J]. Technovation，28(5): 277-290.

[132] Messeghem K，Sammut S，Beylier R P. 2014. New venture egitimacy and entrepreneurial support[J]. International Journal of Entrepreneurship and Small Business，23(4): 528-551.

[133] Muhmmad I N，Zawiyah M Y. 2013. Integration of Business Intelligence and Enterprise Resource Planning within Organizations[J]. Procedia Technology，11: 658-665.

[134] Neck H M，Meyer G D，Cohen B，et al. 2004. An entrepreneurial system view of new venture creation[J]. Journal of small business management，42(2): 190-208.

[135] Neghina C，Caniels M C J，Bloemer J M M，et al. 2013. Value co-creation in service interactions: Dimensions and antecedents[J]. Marketing Theory，15(2): 655-662.

[136] Nijssen E J，Van Der Borgh M. 2017. Beyond the water cooler: using socialization to understand use and impact of networking services on collaboration in a business incubator[J]. R&D Management，47(3): 443-457.

[137] Nuruzzaman N，Singh D，Pattnaik C. 2019. Competing to be innovative: Foreign competition and imitative innovation of emerging economy firms[J]. International Business Review，28(5): 101490.

[138] Osterloh M，Frey B S. 2000. Motivation，knowledge transfer，and organizational forms[J]. Organization Science，11(5): 538-550.

[139] Palma F C，Trimi S，Hong S G. 2019. Motivation triggers for customer participation in value co-creation[J]. Service Business，13(3): 557-580.

[140] Peters L，Rice M，Sundararajan M. 2004. The role of incubators in the entrepreneurial process[J]. Journal of Technology Transfer，29(1): 83-91.

[141] Pidun U，Rubner H，Krühler M，et al. 2011. Corporate portfolio management: Theory and practice[J]. Journal of Applied Corporate Finance，23(1): 63-76.

[142] Rasmussen E，Mosey S，Wright M. 2015. The transformation of network ties to develop entrepreneurial competencies for university spin-offs[J]. Entrepreneurship and Regional Development，27(7-8): 430-457.

[143] Robert S N，Johan W，Alexander M K，et al. 2019. Orchestrating boundaries: The effect of R&D boundary permeability on new venture growth[J]. Journal of Business Venturing，34(1): 63-79.

[144] Rosing K，Frese M，Bausch A. 2011. Explaining the heterogeneity of the leadership-innovation relationship: ambidextrous leadership[J]. Leadership Quarterly，22(5): 956-974.

[145] Saebi T，Foss N J. 2015. Business models for open innovation: Matching heterogeneous open innovation strategies with business model dimensions[J]. European Management Journal，33(3): 201-213.

[146] Schwartz M，Hornych C. 2010. Cooperation patterns of incubator firms and the Impact of incubator specialization: empirical evidence from Germany[J]. Technovation，30(9-10): 485-495.

[147] Scillitoe J L，Chakrabarti A K. 2010. The role of incubator interactions in assisting new ventures[J]. Technovation，30(3): 155-167.

[148] Senge P. 1990. The fifth discipline: The art and practice of the learning organization，doubleday currency. New York.

[149] Senyard J，Baker T，Steffens P，et al. 2014. Bricolage as a path to innovativeness for resource-constrained new firms[J]. Journal of Product Innovation Management，31(2): 211-230.

[150] Shih T，Aaboen L. 2019. The network mediation of an incubator: How does it enable or constrain the development of incubator firms' business networks?[J].Industrial Marketing Management，80: 126-138.

[151] Siggelkow N. 2007. Persuasion with case studies[J]. Academy of Management Journal，50(1): 20-24.

[152] Sirmon D G，Hitt M A，Ireland R D，et al. 2011. Resource orchestration to create competitive advantage: Breadth，depth，and life cycle effects[J]. Journal of Management，37(5): 1390-1412.

[153] Sirmon D G，Hitt M A，Ireland R D. 2007. Managing firm resources in dynamic environments to create value: Looking inside the black box[J]. Academy of management review，32(1): 273-292.

[154] Soetanto D P，Jack S L. 2013. Business incubators and the networks of technology-based firms[J]. The Journal of Technology Transfer，38(4): 432-453.

[155] Somsuk N，Laosirihongthong T. 2014. A Fuzzy AHP to Prioritize Enabling Factors for Strategic Management of University Business Incubators: Resource-based View[J]. Technological Forecasting & Social Change，85(6): 198-210.

[156] Spilling O R. 1996. The entrepreneurial system: On entrepreneurship in the context of a mega-event[J]. Journal of Business Research，36(1): 91-103.

[157] Sungur O. 2015. Business incubators，networking and firm survival: evidence from Turkey[J]. International Journal of Business and Social Science，6(5): 136-149.

[158] Suresh J，Ramraj R.2012. Entrepreneurial ecosystem: Case study on the influence of environmental factors on entrepreneurial success[J]. European Journal of Business and Management，4(16): 95-101.

[159] Symeonidou N，Nicolaou N. 2017. Resource orchestration in start-ups: Synchronizing human capital investment，leveraging strategy，and founder start-up experience[J]. Strategic Entrepreneurship Journal，12(2): 194-218.

[160] Tansely A G. 1935. The use and abuse of vegetational concepts and terms[J]. Ecology，16(3): 284-307.

[161] Teece D J. 2007. Explicating dynamic capabilities: the nature and microfoundations of (sustainable) enterprise performance[J]. Strategic Management Journal，28(13): 1319-1350.

[162] Terziovski M. 2010. Innovation practice and its performance implications in small and medium enterprises (SMEs) in the manufacturing sector: a resource-based view[J]. Strategic Management Journal，31(8): 892-902.

[163] Torun M，Peconick L，Sobreiro V，et al.2018. Assessing business incubation: A review on benchmarking[J]. International Journal of Innovation Studies，2(3): 91-100.

[164] Van Rijnsoever F J. 2020. Meeting，mating，and intermediating: How incubators can overcome weak network problems in entrepreneurial ecosystems[J]. Research Policy，49(1): 103884.

[165] Van Weele M，Van Rijnsoever F J，Groen M，et al. 2019. Gimme shelter? Heterogeneous preferences for tangible and intangible resources when choosing an incubator[J]. Journal of Technology Transfer，3(3): 1-32.

[166] Vanderstraeten J，Matthyssens P. 2012. Service-based differentiation strategies for business incubators: Exploring external and internal alignment[J]. Technovation，32(12): 656-670.

[167] Vassolo R S，Anand J，Folta T B. 2004. Non-additivity in portfolios of exploration activities: A real options-based analysis of equity alliances in biotechnology[J]. Strategic Management Journal，25(11): 1045-1061.

[168] Wood C. 2012. Building an entrepreneurial ecosystem in northwest Florida[J]. Economic Development Journal，11(1): 29-34.

[169] Wu W，Wang H，Wu Y J. 2021. Internal and External Networks，and Incubatees' Performance in Dynamic Environments: Entrepreneurial Learning's Mediating Effect[J]. The Journal of Technology Transfer，46:1707-1733.

[170] Xu S. 2015. Balancing the Two Knowledge Dimensions in Innovation Efforts: An Empirical Examination among Pharmaceutical Firms[J]. Journal of Product Innovation Management，32(4): 610-621.

[171] Yin R K. 2002. Case study evaluations: A decade of progress?[J]. Evaluation Models，Springer Netherlands.

[172] Yusubova A，Andries P，Clarysse B. 2019. The role of incubators in overcoming technology ventures' resource gaps at different development stages[J]. R&D Management，49(5): 803-818.

[173] Zajac E J，Kraatz M S，Bresser R. 2000. Modeling the dynamics of strategic fit: a normative approach to strategic change[J]. Strategic Management Journal，21(4): 429-453.

[174] Zedtwitz M V. 2003. Classification and management of incubators: aligning strategic objectives and competitive scope for new business facilitation[J]. International Journal of Entrepreneurship and Innovation Management，3(1-2): 176-196.

[175] Zhang F，Gallagher K S. 2016. Innovation and technology transfer through global value chains：evidence from China's PV industry[J]. Energy Policy，94: 191-203.

[176] Zhang W，White S. 2016. Overcoming the liability of newness: Entrepreneurial action and the emergence of china's private solar photovoltaic firms[J]. Research Policy，45(3): 604-617.

[177] Zhao L，Zhang H，Wu W. 2017. Knowledge service decision making in business incubators based on the supernetwork model[J]. Physica A: Statistical Mechanics and its Applications. 479: 249-264.

[178] Zhong R Y，Xu X，Klotz E，et al. 2017. Intelligent manufacturing in the context of industry 4.0: A review[J]. Engineering，3(5): 616-630.